とくとく

韓国語 1

李順蓮

朴珍姫

金菊熙

朝日出版社

音声ダウンロード

 音声再生アプリ「リスニング・トレーナー」(無料)

朝日出版社開発のアプリ、「リスニング・トレーナー(リストレ)」を使えば、教科書の
音声をスマホ、タブレットに簡単にダウンロードできます。どうぞご活用ください。

まずは「リストレ」アプリをダウンロード

≫ App Storeはこちら   ≫ Google Playはこちら

アプリ【リスニング・トレーナー】の使い方

① アプリを開き、「コンテンツを追加」をタップ

② QRコードをカメラで読み込む

③ QRコードが読み取れない場合は、画面上部に 55715 を入力し
「Done」をタップします

QRコードは(株)デンソーウェーブの登録商標です

Web ストリーミング音声

https://text.asahipress.com/free/korean/
tokkan1/index.html

はじめに

　本書は、日本の高等教育機関等で韓国語を学ぶ学習者を対象にした初級教材です。週2回の授業の場合、1年（約30週）に渡って韓国語の基礎を身に付けられる構成になっています。

　本書は全15課で構成されており、まず1課から3課までは韓国の文字であるハングルを初めて学ぶ学習者のために、母音、子音、パッチムを韓国語能力試験の初級（TOPIK1）の語彙を中心に作られた様々な練習問題を通じて学習できるように構成しました。

　次に4課から15課では、各課で約40個程度の新出語彙と、2つから3つの新しい文型を学習し、それらを多様な練習問題を通じて反復学習ができるようにしました。

　そして会話練習を充実させるために、まずは提示された会話を複数回練習して、最後には自ら応用会話文を考えるように「スピーキング」の内容を構成しています。また、本書の主要登場人物6人を本教材の主な学習対象である大学生と留学生として設定することで、より親近感をもって学習できるようにしました。そして韓国語能力試験の初級（TOPIK1）レベルで主に扱われる学校生活や日常生活で起こりうる状況を中心に会話の内容を構成しました。

　さらに、各課のテーマに沿って「リーディング」、「ライティング」、「リスニング」を含む授業内活動を行うことで、韓国語能力試験の対策にもしっかり備えています。

　このように本書は「スピーキング」「リスニング」「リーディング」「ライティング」の言語の4技能をもれなく学習できるよう構成されています。

　本書の付録には学習者から特に質問が多い韓国語の発音規則を、例示を通じて分かりやすく整理しています。また学習者のアクティブラーニングをサポートするためにリスニングスクリプトと練習問題の解答、スピーキングとリーディングの日本語翻訳も収録しています。さらに本書の約650個の収録語彙をまとめた語彙リストはㄱㄴㄷ順にまとめて日本語訳を載せており、辞書代わりに使えるようにしています。

　韓国語を初めて学ぶ学習者が簡単で、楽しく韓国語を学習するために本教材が皆様のお役に立てることを願っています。

　最後に、本書が出版に至るまで多方面でご尽力いただいたすべての関係者の皆様に、この場を借りて改めてお礼を申し上げる次第です。

著者一同

装丁—メディア・アート
本文レイアウト・イラスト—申智英

목차 目次

はじめに

目次

教材の構成

	語彙	文型	会話	タスク
第9課 저녁에 친구를 만나요. 第9課 夕方に友達に会います。	・動詞② ・時	・-을/를 ・-아/어/여요	・日程や場所に ついて尋ねる ・日程について 語り合う	・1週間の日程について 読んで書く ・行動や日程について聞く
第10課 몇 시에 학교에 옵니까? 第10課 何時に学校に来ますか。	・漢数詞 ・助数詞② ・時刻	・-부터, -까지, -에서② ・-ㅂ니다/습니다.(까?)	・日課について 語り合う ・範囲や電話番号を 尋ねる	・日課について読んで書く ・時刻や日課について聞く
第11課 저는 오늘 쇼핑 안 해요. 第11課 私は今日買い物しません。	・衣類 ・形容詞① ・副詞①	・否定 : 안, -지 않다 ・'ㅡ'変則	・否定表現を使って 語り合う ・衣類について 語り合う	・よく行くお店について 読んで書く ・お店での会話を読んで聞く
第12課 제 취미는 사진 찍기예요. 第12課 私の趣味は写真を撮ることです。	・趣味 ・接続詞	・-고 싶다 ・連体形(現在) ・'ㄷ'不規則	・趣味について 尋ねる ・好きなことに ついて語り合う	・趣味について読んで書く ・趣味などに関する会話を 読んで聞く
第13課 지난 주말에 뭐 했어요? 第13課 先週末、何をしましたか。	・日付 ・副詞②	・-고 ・過去形:-았/었/였- ・-지만	・過去の出来事に ついて語り合う ・日付を尋ねる	・過去の出来事について 読んで書く ・日付や日程を決める会話を 聞く
第14課 매운 음식을 좋아해요? 第14課 辛い食べ物は好きですか。	・形容詞② ・味 ・食べ物 ・趣向や意向	・'ㅂ'不規則 ・形容詞連体形 (現在)	・好きな食べ物に ついて語り合う ・ホテルについて 尋ねる	・料理について読んで書く ・旅行先について読む ・味などについて聞く
第15課 이번 주는 정말 춥네요. 第15課 今週はとても寒いですね。	・季節 ・天候 ・病気	・-아/어서 ・-네요	・天気について 語り合う ・健康状態について 語り合う	・天気に関する会話や 健康状態について読む ・季節や天気について書いて 聞く

ハングルは、韓国語の**文字の名称**で、天（・）、地（一）、人（丨）の形を記号化した母音字（21個）と、発声器官の形を記号化した子音字（19個）の組合せから成り立っている。

子音(上)	子音(左) + 母音(右)	子音(左) + 母音(右)	子音(上)
+		+	+
母音(下)		子音(パッチム)	母音(下)
			+
			子音(パッチム)

ハングルの子音字と母音字は、それぞれ配置される場所が決まっている。

母音字は、子音字の右もしくは下に位置する。

子音字は、母音字の左もしくは上下に位置する。

母音字の下に位置する子音字を「パッチム」という。

ハングルの書き方は、左から右、上から下への順となる。

母音字は、天(・)、地(ー)、人(丨)を組合せて成り立っている。

単母音は、発音する際に唇や舌の位置および形などが変わらない。子音「ㅇ」は、母音の前では無音になる。

母音を文字で表す際には「ㅇ」を付けて書く。

| ・ + ー → ㅗ | ー + ・ → ㅜ |
| 丨 + ・ → ㅏ | ・ + 丨 → ㅓ |

아 어 오 우 으 이 애 에

母音	名称	発音	書き順
ㅏ	아	[a]	
ㅓ	어	[ə]	
ㅗ	오	[o]	
ㅜ	우	[u]	
ー	으	[ɰ]	
丨	이	[i]	
ㅐ	애	[ɛ]	
ㅔ	에	[e]	

練習❶ 書き順に従って次の母音字を書きなさい。

아	아					
어	어					
오	오					
우	우					
으	으					
이	이					
애	애					
에	에					

練習❷ 音声を聞いて正しいものを選びなさい。

3

(1) 　①어　②오　　　　　　(2) 　①으　　②우

(3) 　①아　②애　　　　　　(4) 　①아이　②오이

練習❸ 次の単語を書きながら音読しなさい。

(1) 　오　（5）　＿＿＿＿＿＿＿　　(2) 　이　（2、歯）　＿＿＿＿＿＿＿

(3) 　아이　(子ども)　＿＿＿＿＿＿＿　　(4) 　오이　(きゅうり)　＿＿＿＿＿＿＿

4

母音②

二重母音は、発音する際に唇や舌の位置および形が変化する。

ㅣ + ㅏ → ㅑ	ㅣ + ㅓ → ㅕ
ㅣ + ㅗ → ㅛ	ㅣ + ㅜ → ㅠ
ㅣ + ㅐ → ㅒ	ㅣ + ㅔ → ㅖ

야 여 요 유 얘 예

4

母音	名称	発音	書き順
ㅑ	야	[ya]	
ㅕ	여	[yə]	
ㅛ	요	[yo]	
ㅠ	유	[yu]	
ㅒ	얘	[yɛ]	
ㅖ	예	[ye]	

練習❶ 書き順に従って次の母音字を書きなさい。

야	야					
여	여					
요	요					
유	유					
애	애					
예	예					

練習❷ 音声を聞いて正しいものを選びなさい。

5

(1)　①요　②유　　　　　　(2)　①야　②애

(3)　①여　②예　　　　　　(4)　①여유　②우유

練習❸ 次の単語を書きながら音読しなさい。

(1)　예　（はい）　_____　　(2)　여우　（キツネ）　_____

(3)　여유　（余裕）　_____　　(4)　우유　（牛乳）　_____

単母音と二重母音の違いは、発音の際の唇や舌の位置および形の変化の有無である。

ただし、単母音の「ㅚ」と「ㅟ」は、唇や舌を動かして発音してもかまわない。

ㅗ + ㅏ → ㅘ	ㅜ + ㅓ → ㅝ
ㅗ + ㅐ → ㅙ	ㅜ + ㅔ → ㅞ
ㅜ + ㅣ → ㅟ	ㅡ + ㅣ → ㅢ

와 워 외 왜 웨 위 의

6

母音	名称	発音	書き順
ㅘ	와	[wa]	ㅘ
ㅝ	워	[wə]	ㅝ
ㅚ	외	[ö / we]	ㅚ
ㅙ	왜	[wɛ]	ㅙ
ㅞ	웨	[we]	ㅞ
ㅟ	위	[ü / wi]	ㅟ
ㅢ	의	[ɰi]	ㅢ

7

練習❶ 書き順に従って次の母音字を書きなさい。

와	와					
워	워					
외	외					
왜	왜					
웨	웨					
위	위					
의	의					

練習❷ 音声を聞いて正しいものを選びなさい。

7

(1)　①와　②왜　　　　　　　(2)　①워　②웨

(3)　①위　②의　　　　　　　(4)　①외　②와

練習❸ 次の語彙を書きながら音読しなさい。

(1)　와　（〜と）＿＿＿＿＿＿　　(2)　위　（上）＿＿＿＿＿＿

(3)　왜　（なぜ）＿＿＿＿＿＿　　(4)　의의（意義）＿＿＿＿＿＿

練習❶ 音声を聞いて復唱しなさい。 🎧
8

아 야 어 여 오 요 우 유 으 이
애 얘 에 예 와 왜 외 워 웨 위 의

練習❷ 音声を聞いて当てはまるものに○を付けなさい。 🎧
9

아이	와	오	여우
여유	위	예	의의
오이	왜	이	우유

「의」の発音について（4つのパターンに分けられる）

1) [의]と発音: 「의」が語頭にくる場合 〈例〉의사, 의자

2) [이]と発音: 語頭の子音が 'ㅇ' ではない場合 〈例〉희망

3) [이]または[의]と発音: 「의」が語頭以外にくる場合 〈例〉회의, 의의

4) [에]または[의]と発音: 所有格（〜の）として使われる場合 〈例〉오늘의 메뉴

ハングル（子音）

子音①

発声器官の形に基づいて作られた子音は、母音との組合せで発音することができる。

子音だけでは発音することができない。

子音	名称	発音	書き順
ㄱ	기역	[k / g]	ㄱ
ㄴ	니은	[n]	ㄴ
ㄷ	디귿	[t / d]	ㄷ
ㄹ	리을	[r, l]	ㄹ
ㅁ	미음	[m]	ㅁ
ㅂ	비읍	[p / b]	ㅂ
ㅅ	시옷	[s, ʃ]	ㅅ
ㅇ	이응	[-, ŋ]	ㅇ
ㅈ	지읒	[ʣ / j]	ㅈ
ㅎ	히읗	[h]	ㅎ

Tip 「ㄱ」が母音の左側に来る場合と上に来る場合では以下のように書き方が異なる。

〈例〉가 거 기　고 구 그

練習❶ 子音字と母音字の組合せからなる文字を発音しながら書きなさい。

	ㅏ	ㅓ	ㅗ	ㅜ	ㅡ	ㅣ	ㅐ	ㅔ
ㄱ	가							
ㄴ		너						
ㄷ			도					
ㄹ				루				
ㅁ					므			
ㅂ						비		
ㅅ							새	
ㅇ								에
ㅈ							재	
ㅎ						히		

練習❷ 次の語彙を書きながら音読しなさい。

(1) 드라마 (ドラマ) ＿＿＿＿＿＿＿＿

(2) 저 (私) ＿＿＿＿＿＿＿＿

(3) 배 (船、梨、腹) ＿＿＿＿＿＿＿＿

(4) 다리 (脚、橋) ＿＿＿＿＿＿＿＿

(5) 나무 (木) ＿＿＿＿＿＿＿＿

(6) 버스 (バス) ＿＿＿＿＿＿＿＿

(7) 가위 (ハサミ) ＿＿＿＿＿＿＿＿

(8) 회사 (会社) ＿＿＿＿＿＿＿＿

子音②

「ㄱ」「ㄷ」「ㅂ」「ㅈ」に「ㅎ」が加わって強い息を伴う発音（激音）

子音	名称	発音	書き順
ㅋ	키읔	[kʰ]	ㅋ
ㅌ	티읕	[tʰ]	ㅌ
ㅍ	피읖	[pʰ]	ㅍ
ㅊ	치읓	[cʰ]	ㅊ

練習❶ 子音字と母音字の組合せからなる文字を発音しながら書きなさい。

	ㅏ	ㅓ	ㅗ	ㅜ	ㅡ	ㅣ	ㅐ	ㅔ
ㅋ	카							
ㅌ			토					
ㅍ					프			
ㅊ							채	

練習❷ 次の語彙を書きながら音読しなさい。

(1) 차 (車、茶) ＿＿＿＿＿＿＿＿＿

(2) 코 (鼻) ＿＿＿＿＿＿＿＿＿

(3) 카드 (カード) ＿＿＿＿＿＿＿＿＿

(4) 치마 (スカート) ＿＿＿＿＿＿＿＿＿

(5) 코트 (コート) ＿＿＿＿＿＿＿＿＿

(6) 토마토 (トマト) ＿＿＿＿＿＿＿＿＿

(7) 포도 (ぶどう) ＿＿＿＿＿＿＿＿＿

(8) 커피 (コーヒー) ＿＿＿＿＿＿＿＿＿

(9) 채소 (野菜) ＿＿＿＿＿＿＿＿＿

(10) 카메라 (カメラ) ＿＿＿＿＿＿＿＿＿

(11) 우표 (切手) ＿＿＿＿＿＿＿＿＿

(12) 티셔츠 (Tシャツ) ＿＿＿＿＿＿＿＿＿

子音③

声帯を緊張させながら「ㄱ」「ㄷ」「ㅂ」「ㅅ」「ㅈ」をより強く発音（濃音）

子音	名称	発音	書き順
ㄲ	쌍기역	[k']	ㄲ
ㄸ	쌍디귿	[t']	ㄸ
ㅃ	쌍비읍	[p']	ㅃ
ㅆ	쌍시옷	[s']	ㅆ
ㅉ	쌍지읒	[c']	ㅉ

練習❶ 子音字と母音字の組合せからなる文字を発音しながら書きなさい。

	ㅏ	ㅓ	ㅗ	ㅜ	ㅡ	ㅣ	ㅐ	ㅔ
ㄲ	까							
ㄸ		떠						
ㅃ			뽀					
ㅆ				쑤				
ㅉ				쯔				

練習❷ 次の語彙を書きながら音読しなさい。

(1) 찌개 （チゲ） _____

(2) 오빠 （兄） _____

(3) 아빠 （パパ） _____

(4) 쓰레기 （ゴミ） _____

(5) 어깨 （肩） _____

(6) 아저씨 （おじさん） _____

練習❸ 音声を聞いて子音に注意しながら発音しなさい。

(1) 가 카 까   (2) 고 코 꼬

(3) 다 타 따   (4) 두 투 뚜

(5) 바 파 빠   (6) 비 피 삐

(7) 사 싸   (8) 새 쌔

(9) 자 차 짜   (10) 저 처 쩌

有声音化

無声音「ㄱ」「ㄷ」「ㅂ」「ㅈ」が有声音の間に挟まれる際、無声音が有声音に変わる現象

고기 　라디오 　부부 　자주

練習❶ 次の語彙を書きながら音読しなさい。

(1) 과자 （菓子） _____   (2) 사과 （りんご） _____

(3) 시계 （時計） _____   (4) 부부 （夫婦） _____

(5) 고기 （肉） _____   (6) 돼지 （豚） _____

(7) 바다 （海） _____   (8) 여자 （女子） _____

(9) 의자 （椅子） _____   (10) 지우개 （消しゴム） _____

(11) 모자 （帽子） _____   (12) 휴지 （ちり紙） _____

(13) 가게 （店） _____   (14) 바지 （ズボン） _____

(15) 구두 （靴） _____   (16) 라디오 （ラジオ） _____

練習❶ 音声を聞いて復唱しなさい。🎧
11

가 나 다 라 마 바 사 아 자 차 카 타 파 하

練習❷ 音声を聞いて当てはまるものに○を付けなさい。🎧
12

우표	바다	치마	티셔츠
고기	아빠	오빠	아저씨
포도	어깨	코트	드라마
돼지	가위	가게	카메라

練習❸ 次に共通して入る文字を書きなさい。

〈例〉
	아
오	이

(1)

(2)
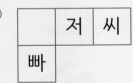

(3)

(4)

(5)
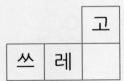

(6)

(7)

(8)
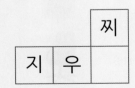

15

練習❹ 次のイラストに適切な単語を選んで線で結びなさい。

(1)  •

(2) •

(3) •

(4) •

(5) •

• (a) 돼지

• (b) 시계

• (c) 버스

• (d) 라디오

• (e) 티셔츠

練習❺ 次のイラストを見て最も適切な語彙を書きなさい。

〈例〉 ：　**부부**

(1) ：＿＿＿＿＿＿

(2) ：＿＿＿＿＿＿

(3) ：＿＿＿＿＿＿

(4) ：＿＿＿＿＿＿

(5) ：＿＿＿＿＿＿

(6) ：＿＿＿＿＿＿

(7) ：＿＿＿＿＿＿

(8) ：＿＿＿＿＿＿

(9) ：＿＿＿＿＿＿

(10) ：＿＿＿＿＿＿

(11) ：＿＿＿＿＿＿

練習❻ 隠れている語彙を探してみましょう。

과	드	라	자	바	여	지	우	모	찌
사	마	과	회	다	우	의	자	개	어
시	계	나	사	무	버	유	지	가	깨
아	부	다	부	짜	주	쓰	우	다	휴
저	코	리	기	돼	지	바	여	자	게
씨	바	구	두	라	디	지	구	오	두

〈例〉時計

① 肩　　　② キツネ

③ おじさん　④ 椅子

⑤ 豚　　　⑥ ズボン

⑦ 靴　　　⑧ 女子

練習❼ 次のイラストに共通して入る語彙を書きなさい。

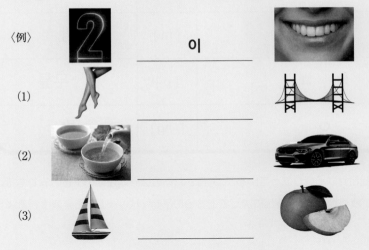

〈例〉　＿＿＿이＿＿＿

(1) ＿＿＿＿＿＿＿

(2) ＿＿＿＿＿＿＿

(3) ＿＿＿＿＿＿＿

練習❽ 隣の人と韓国語でしりとりをやってみましょう。

카메라
라디오
오이
이

ハングル（パッチム）

ほとんどの子音はパッチムになり得るが、その発音は7つに限られる。

代表音	パッチム	発音	単語例
ㄱ	ㄱ , ㄲ , ㅋ	[k]	목 , 밖 , 부엌
ㄴ	ㄴ	[n]	문
ㄷ	ㄷ , ㅌ , ㅅ , ㅆ , ㅈ , ㅊ , ㅎ	[t]	끝 , 옷 , 낮 , 꽃
ㄹ	ㄹ	[l]	발
ㅁ	ㅁ	[m]	밤
ㅂ	ㅂ , ㅍ	[p]	밥 , 무릎
ㅇ	ㅇ	[-ng]	방

複パッチムは２つの異なる子音の組合せから成り立っているが、発音されるのは原則左側の子音のみである。ただし、複パッチムの後に母音字が続く場合は、連音化によってどちらの子音（パッチム）も発音されるようになる。

〈例〉 닭이 [닥기], 삶이 [살미]

発音	複パッチム	単語例
左の子音	ㄱㅅ , ㄴㅎ , ㄴㅈ , ㄹㅂ , ㄹㅅ , ㄹㅌ , ㄹㅎ , ㅂㅅ	여덟 , 값
右の子音	ㄹㄱ , ㄹㅁ , ㄹㅍ	닭 , 삶

練習❶ 音声を聞いて正しいものを選びなさい。 🎧
13

(1) ① 방 ② 밤   (2) ① 발 ② 밥

(3) ① 물 ② 문   (4) ① 밖 ② 밤

(5) ① 낮 ② 날   (6) ① 옷 ② 온

練習❷ 次の単語を書きながら音読しなさい。

(1)	감	(柿)	_____	(2)	손	(手)	_____
(3)	돈	(お金)	_____	(4)	물	(水)	_____
(5)	딸기	(いちご)	_____	(6)	목	(首、喉)	_____
(7)	집	(家)	_____	(8)	문	(ドア)	_____
(9)	무릎	(膝)	_____	(10)	부엌	(台所)	_____
(11)	낮	(昼)	_____	(12)	꽃	(花)	_____
(13)	발	(足)	_____	(14)	눈	(雪、目)	_____
(15)	밤	(夜、栗)	_____	(16)	연필	(鉛筆)	_____
(17)	밥	(ごはん)	_____	(18)	옷	(服)	_____
(19)	방	(部屋)	_____	(20)	몸	(体)	_____
(21)	빵	(パン)	_____	(22)	서울	(ソウル)	_____
(23)	귤	(みかん)	_____	(24)	끝	(終わり)	_____
(25)	컵	(コップ)	_____	(26)	수박	(スイカ)	_____
(27)	산	(山)	_____	(28)	남자	(男子)	_____
(29)	부산	(釜山)	_____	(30)	지갑	(財布)	_____

練習❸ 次の語彙を書きながら音読しなさい。

(1) 값 （値段） ＿＿＿＿＿＿＿＿＿＿　　(2) 닭 （鶏） ＿＿＿＿＿＿＿＿＿＿＿＿

(3) 삶 （人生） ＿＿＿＿＿＿＿＿＿＿　　(4) 여덟 （八つ） ＿＿＿＿＿＿＿＿＿＿

(5) 흙 （土） ＿＿＿＿＿＿＿＿＿＿　　(6) 몫 （分け前、取り分） ＿＿＿＿＿＿＿＿

総合練習

練習❶ 音声を聞いて当てはまるものに○を付けなさい。

14

닭	밤	여덟	연필
돈	방	부엌	지갑
끝	밥	부산	남자

練習❷ 左の単語と同じ発音のものを①～③の中から1つ選びなさい。

(1) **밖**　　①박　　②발　　③밥

(2) **집**　　①짐　　②징　　③짚

(3) **낮**　　①낫　　②날　　③남

(4) **삶**　　①살　　②삼　　③삽

(5) **몫**　　①목　　②못　　③몰

(6) **값**　　①갑　　②갓　　③갇

練習❸ 次のイラストに適切な語彙を選んで線で結びなさい。

(1)　　　・　　　　　　　　　・ (a) 연필

(2)　　　・　　　　　　　　　・ (b) 컵

(3)　　　・　　　　　　　　　・ (c) 꽃

(4)　　　・　　　　　　　　　・ (d) 딸기

(5)　　　・　　　　　　　　　・ (e) 지갑

練習❹ 例にならって単語を完成させなさい。

〈例〉

밥	방
飯	部屋

(1)

가	가
柿	値段

(2)

모	모
身体	首

(3)

무	무
水	門

(4)

바	바
足	夜

(5)

도	소
金	手

練習❺ 次のイラストを見て最も適切な語彙を書きなさい。

〈例〉 　　　　　　　　낮

(1) ＿＿＿＿＿＿＿

(2) ＿＿＿＿＿＿＿

(3) ＿＿＿＿＿＿＿

(4) ＿＿＿＿＿＿＿

(5) ＿＿＿＿＿＿＿

(6) ＿＿＿＿＿＿＿

(7) ＿＿＿＿＿＿＿

(8) ＿＿＿＿＿＿＿

(9) ＿＿＿＿＿＿＿

(10) ＿＿＿＿＿＿＿

(11) ＿＿＿＿＿＿＿

(12) ＿＿＿＿＿＿＿

(13) ＿＿＿＿＿＿＿

(14) ＿＿＿＿＿＿＿

(15) ＿＿＿＿＿＿＿

(16) ＿＿＿＿＿＿＿

(17) ＿＿＿＿＿＿＿

(18) ＿＿＿＿＿＿＿

(19) ＿＿＿＿＿＿＿

(20) ＿＿＿＿＿＿＿

(21) ＿＿＿＿＿＿＿

(22) ＿＿＿＿＿＿＿

(23) ＿＿＿＿＿＿＿

練習❻ 次の語彙を書きながら音読しなさい。

과일	（果物）	_____	바나나	（バナナ）	_____
채소	（野菜）	_____	참외	（まくわうり）	_____
가게	（店）	_____	감	（柿）	_____
오이	（きゅうり）	_____	포도	（ぶどう）	_____
배추	（白菜）	_____	배	（梨）	_____
무	（大根）	_____	토마토	（トマト）	_____
감자	（ジャガイモ）	_____	밤	（栗）	_____
고구마	（サツマイモ）	_____	오렌지	（オレンジ）	_____
사과	（りんご）	_____	귤	（みかん）	_____
딸기	（いちご）	_____	수박	（スイカ）	_____

練習❼ 次の語彙を発音しなさい。

눈 (目)
얼굴 (顔)
손 (手)
팔 (腕)
가슴 (胸)
배 (腹)
엉덩이 (尻)
다리 (脚)
발 (足)

머리 (頭)
이마 (額)
귀 (耳)
코 (鼻)
입 (口)
목 (首)
어깨 (肩)
몸 (体)
허리 (腰)
무릎 (膝)

키 (背, 身長)

練習❽ 一緒に歌ってみよう。

머리 어깨 무릎 발 ♬

머리 어깨 무릎 발 무릎 발

머리 어깨 무릎 발 무릎 발 무릎

머리 어깨 발 무릎 발

머리 어깨 무릎 귀 코 귀

地名や人名など様々な固有名詞をハングルで書いてみましょう。

〈例〉

た	な	か
T A	N A	K A
다	나	카

しゅん	す	け
S H U N	S U	K E
슌	스	케

(1) 自分の名前

(2) 自分の住んでいるところ（地方、都市、町名など）

(3) 有名人の名前

(4) 学校の名前

안녕하세요?

こんにちは。

나라/언어/사람 国/言語/人

나라 国	한국 韓国	일본 日本	중국 中国	미국 米国
언어 言語	한국어 한국말	일본어	중국어	영어
○○ 사람 ○○人	한국 사람 (한국인)	일본 사람 (일본인)	중국 사람 (중국인)	미국 사람 (미국인)
태국 タイ	프랑스 フランス	독일 ドイツ	영국 イギリス	스페인 スペイン

직업 職業

학생 学生	기자 記者	가수 歌手	의사 医者	간호사 看護師
회사원 会社員	은행원 銀行員	주부 主婦	경찰관 警察官	미용사 美容師
요리사 コック	약사 薬剤師	공무원 公務員	운동선수 運動選手	사업가 事業家

인사 挨拶・初対面での表現

안녕하세요?　안녕하십니까?　안녕? こんにちは。(朝・昼・晩共通)

안녕히 가세요.　안녕히 계세요.　안녕. さようなら。
（見送る人が言う）　（見送られる人が言う）

처음 뵙겠습니다. 初めまして。

어느 나라 사람입니까? どこの国の人ですか。

(만나서) 반가워요.　(만나서) 반갑습니다. お会いできて嬉しいです。

잘 부탁드리겠습니다.　잘 부탁합니다. よろしくお願いします。

練習❶ 空所に適切な言葉を書きなさい。

	나라	언어	사람
(1)	미국		
(2)			한국 사람
(3)		일본어	
(4)	독일		
(5)			중국인

練習❷ 次の語群の中から最も適切な単語を選んで書きなさい。

요리사	은행원	경찰관	가수	회사원
학생	사업가	의사	미용사	기자

〈例〉 _____회사원_____

(1) _____

(2) _____

(3) _____

(4) _____

(5) _____

練習❸ 各状況に適切な挨拶表現を書きなさい。

(1) 初対面の人に

							.

(2) 出かける人が残る人に対して言う別れの言葉

						.

(3) 道で会った友達に

		?

1 「-이다」は、名詞の後に付けて「～だ」、「～である」の意味をなす。フォーマルな丁寧形として「-입니다.(～です。)」、「-입니까?(～ですか。)」を用いる。

- 교사(이)다 教師だ → **교사입니다. / 교사입니까?**
- 책이다 本だ → **책입니다. / 책입니까?**

〈例1〉 일본 사람 → 일본 사람**입니다.**

(1) 요리사 → _____ (2) 학생 → _____

(3) 약사 → _____ (4) 미국인 → _____

〈例2〉 중국 사람 → 중국 사람**입니까?**

(5) 기자 → _____ (6) 경찰관 → _____

(7) 회사원 → _____ (8) 가수 → _____

2 「-은/는」は、文の話題を表す助詞で日本語の「～は」に相当する。直前に来る名詞が子音で終わる場合は「-은」を、母音で終わる場合は「-는」を付ける。

- 저**는** 선생님입니다.   私は先生です。
- 제 이름**은** 야마다 하나입니다.   私の名前は山田ハナです。

Tip 「제」は、「저(私)」に所有格の助詞「의(の)」が加わった「저의」の縮約形である。

〈例〉 저(은 / **는**) 한국 사람입니다.

(1) 이름(은 / 는) 하나입니다.   (2) 하나 씨(은 / 는) 일본인입니까?

(3) 직업(은 / 는) 기자입니까?   (4) 요리사(은 / 는) 중국인입니다.

3 「-도」は、追加や強調、並立などを表す助詞で日本語の「～も」に相当する。

- 민수 씨**도** 한국인입니까?   네, 저**도** 한국인입니다.
  ミンスさんも韓国人ですか。   はい、私も韓国人です。
- 친구**도** 간호사입니까?   아니요, 친구는 약사입니다.
  友達も看護師ですか。   いいえ、友達は薬剤師です。

〈例〉 선생님 / 스페인 사람 → 선생님**도** 스페인 사람입니다.

(1) 친구 / 사업가 → _____

(2) 학생 / 미국인 → _____

(3) 하나 씨 / 의사 → _____

(4) 저 / 회사원 → _____

練習❶ 例にならって答えを書きなさい。

〈例1〉Q: 일본 사람입니까?

A: (일본인) **네, 일본인입니다.**

〈例2〉Q: 가수입니까?

A: (기자) **아니요, 기자입니다.**

(1) Q: 경찰관입니까?

A: (미용사) _____

(2) Q: 한국인입니까?

A: (한국 사람) _____

(3) Q: 은행원입니까?

A: (은행원) _____

(4) Q: 운동선수입니까?

A: (공무원) _____

練習❷ 例にならって文を完成させなさい。

〈例〉리쿠 씨 / 태국 사람　　　　→　　　**리쿠 씨는 태국 사람입니다.**

(1) 저 / 안나 스미스　　　　→　_____

(2) 직업 / 은행원　　　　→　_____

(3) 제 이름 / 수잔　　　　→　_____

練習❸ 例にならって文を完成させなさい。

〈例〉저 / 친구, 영국 사람　　　　→　　**저는 영국 사람입니다. 친구도 영국 사람입니다.**

(1) 저 / 선생님, 스페인 사람　　→　_____

(2) 하나 씨 / 민수 씨, 간호사　　→　_____

(3) 친구 / 저, 회사원　　　　→　_____

練習❹ 次の文を韓国語に訳しなさい。

(1) 私は主婦です。

저						다	.

(2) 先生はイギリス人ですか。

선	생	님				사	람		까	?

(3) 私の友達も日本人です。

		친	구			일	본	인		.

18

상우: 안녕하십니까? 박상우입니다. 처음 뵙겠습니다.

하나: 안녕하십니까? 저는 야마다 하나입니다. 잘 부탁합니다.

상우: 야마다 하나 씨는 일본 사람입니까?

하나: 네, 일본 사람입니다.

　　　박상우 씨는 어느 나라 사람입니까?

상우: 한국 사람입니다.

　　　만나서 반갑습니다.

〈例〉	박상우	야마다 하나	일본 사람	한국 사람
(1)	장 웨이	안나 스미스	미국 사람	중국 사람
(2)				

리쿠: 안녕하세요? 저는 리쿠입니다.

만나서 반가워요.

안나: 네, 만나서 반갑습니다. 제 이름은 안나입니다.

저는 학생입니다.

리쿠: 안나 씨는 독일 사람입니까?

안나: 아니요. 미국 사람입니다. 리쿠 씨도 학생입니까?

리쿠: 네, 저도 학생입니다.

〈例〉	리쿠	안나	학생	미국 사람
(1)	마크	수잔	요리사	프랑스 사람
(2)				

1. 次の文を読んで問いに答えなさい。

> 안녕하세요?
> 만나서 반가워요.
> 저는 장 웨이입니다.
> 중국인입니다.
> 중국어 선생님입니다.

> 안녕하십니까?
> 처음 뵙겠습니다.
> 제 이름은 마리아 가르시아입니다.
> 스페인 사람입니다.
> 잘 부탁드립니다.

(1) 마리아 씨는 어느 나라 사람입니까?

_____

(2) 上記の内容に一致すれば○、間違っていれば×を書きなさい。

① 장 웨이 씨는 중국 사람입니다. (　　　)

② 마리아 가르시아 씨는 독일어 선생님입니다. (　　　)

2. 次の会話を読んで内容と<u>一致しない</u>ものを選びなさい。

> 하나 : 처음 뵙겠습니다. 저는 야마다 하나입니다.
> 상우 : 만나서 반가워요. 저는 박상우입니다.
> 하나 : 상우 씨는 어느 나라 사람입니까?
> 상우 : 한국 사람입니다. 하나 씨도 한국 사람입니까?
> 하나 : 아니요, 일본 사람입니다. 상우 씨는 학생입니까?
> 상우 : 네, 저는 학생입니다. 하나 씨도 학생입니까?
> 하나 : 아니요, 저는 간호사입니다.

① 하나 씨는 학생입니다.   ② 상우 씨는 한국인입니다.

③ 상우 씨는 학생입니다.   ④ 하나 씨는 일본인입니다.

1. 自分を紹介する文章を書きなさい。

_____

_____

_____

_____

_____

1. 次を聞いて内容が正しければ○、間違っていれば×を書きなさい。🎧 20

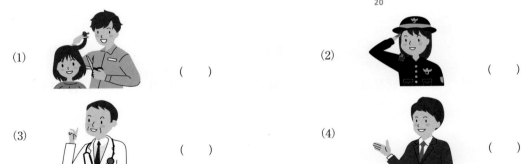

(1)　　　　　　　　　　　（　　）　　　　(2)　　　　　　　　　　　（　　）

(3)　　　　　　　　　　　（　　）　　　　(4)　　　　　　　　　　　（　　）

2. 次の会話を聞いて問いに答えなさい。🎧 21

(1) 안나 씨는 어느 나라 사람입니까?

① 프랑스 사람　　　　② 일본 사람　　　　③ 한국 사람　　　　④ 미국 사람

(2) 회화의 내용과 일치하는 것을 선택하세요. 会話の内容と一致するものを選びなさい。

① 여자는 학생입니다.　　　　② 여자는 미용사입니다.

③ 남자는 학생입니다.　　　　④ 남자는 중국인입니다.

第5課 이 사람이 누구입니까?

この人は誰ですか。

指示詞①

	이 この	그 その	저 あの
사람 人	이 사람	그 사람	저 사람
분 方	이분	그분	저분
것 物	이것	그것	저것

疑問詞

누구 誰	언제 いつ	어디 どこ	무엇(뭐) 何	왜 なぜ	얼마 いくら	어떻게 どのように	어느 どの

물건① 品物①

책상 机	침대 ベッド	옷장 クローゼット	거울 鏡	사진 写真
텔레비전 テレビ	냉장고 冷蔵庫	세탁기 洗濯機	에어컨 エアコン	컴퓨터 パソコン

우리 가족 私の家族

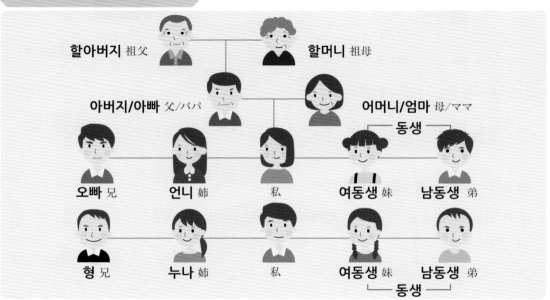

練習❶ 次の家系図を完成させなさい。

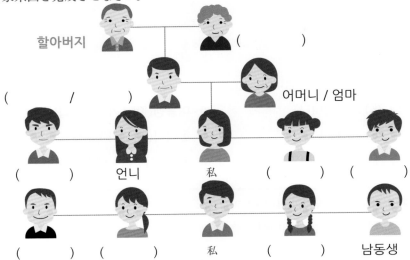

할아버지 (　　　　　　)

(　　　/　　　) 어머니 / 엄마

(　　　) 언니 私 (　　　) (　　　)

(　　　) (　　　) 私 (　　　) 남동생

練習❷ 最も関連のある組合せを選んで線を引きなさい。

(1) 저 사람은 제 남동생입니다. •

• (a)

(2) 이분은 우리 할머니입니다. •

• (b)

(3) 이것은 누구 사진입니까? •

• (c)

(4) 그것은 옷장입니다. •

• (d)

練習❸ 例にならって答えを書きなさい。

〈例〉 → 이분은 어머니입니다.

(1) → 그분은 ＿＿＿＿＿＿＿＿

(2) → 이것은 ＿＿＿＿＿＿＿＿

(3) → 저것은 ＿＿＿＿＿＿＿＿

文型

1 「-이/가」は、名詞の後に付いてその名詞が文の主語であることを表す。直前に来る名詞が子音で終わる場合は「-이」を、母音で終わる場合は「-가」を付ける。

- 고향**이** 어디입니까?　　　　　　故郷はどこですか。
- Q: 어머니**가** 선생님입니까?　　　お母さんが先生ですか。
- A: 아니요, 언니**가** 선생님입니다.　いいえ、姉が先生です。

〈例〉 우리 형 ((이) / 가) 경찰관입니다.

(1) 오빠(이 / 가) 의사입니다.

(2) 여동생(이 / 가) 기자입니다.

(3) 무엇(이 / 가) 책상입니까?

(4) 할머니(이 / 가) 주부입니까?

(5) 직업(이 / 가) 무엇입니까?

(6) 저것(이 / 가) 냉장고입니다.

> **Tip** 누구+「-가」の場合は**누구가**ではなく**누가**になる。
>
> - 누가 하나 씨 여동생입니까?　誰がハナさんの妹ですか。

2 「-이/가 아니다」は、名詞の後に付けて「～ではない」の意味をなす。
フォーマルな丁寧形としては、「-이/가 아닙니다. (～ではありません。)」や「-이/가 아닙니까?
(～ではありませんか。)」を用いる。

- 이것은 거울**이 아닙니다**.　　　これは鏡ではありません。
- 저분은 요리사**가 아닙니까**?　あの方は料理人ではありませんか。

〈例1〉 Q: 저 사람이 여동생입니까?

　　　 A: 아니요, 여동생**이 아닙니다**.

〈例2〉 Q: 그것이 침대입니까?

　　　 A: 아니요, 침대**가 아닙니다**.

(1) Q: 그분이 할머니입니까?

　　 A: 아니요, 할머니_____

(2) Q: 저것이 에어컨입니까?

　　 A: 아니요, 에어컨_____

(3) Q: 이 사람이 학생입니까?

　　 A: 아니요, _____

(4) Q: 그것이 사진입니까?

　　 A: 아니요, _____

(5) Q: 저분이 기자입니까?

　　 A: _____

(6) Q: 이것이 책입니까?

　　 A: _____

練習❶ 例にならって答えを書きなさい。

〈例〉 상우 씨 형
Q: 이 사람이 상우 씨입니까?
A: 아니요, 상우 씨가 아닙니다.
상우 씨 형입니다.

(1) 간호사
Q: 이분은 경찰관입니까?
A: 아니요, _____
_____

(2) 옷장
Q: 이것은 냉장고입니까?
A: 아니요, _____
_____

(3) 침대
Q: 그것은 의자입니까?
A: 아니요, _____
_____

練習❷ 例にならって答えを書きなさい。

〈例〉 Q: 저 사람이 하나 씨 오빠입니까? (하나 씨 오빠(×), 하나 씨 남동생(○))
A: 아니요, 하나 씨 오빠가 아닙니다. 하나 씨 남동생입니다

(1) Q: 그분이 약사입니까? (약사(×), 회사원(○))
A: _____

(2) Q: 저것이 텔레비전입니까? (텔레비전(×), 컴퓨터(○))
A: _____

(3) Q: 이것이 귤입니까? (귤(×), 감(○))
A: _____

練習❸ 次の文を韓国語に訳しなさい。

(1) お姉さんが公務員ですか。

		가		공	무	원			까	?

(2) 韓国人ではありません。

			사	람					다	.

(3) あれは洗濯機ではありませんか。

				세	탁	기					까	?

会話 **A**

상우: 이 사람이 누구입니까?

안나: 제 여동생입니다.

상우: 여동생은 이름이 무엇입니까?

안나: 제인입니다.

상우: 제인 씨도 학생입니까?

안나: 아니요, 학생이 아닙니다. 미용사입니다.

〈例〉	여동생	제인	학생	미용사
(1)	남동생	토니	은행원	운동선수
(2)				

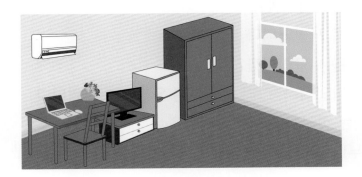

리쿠: 누구 방입니까?

수진: 제 방입니다.

리쿠: 이것은 무엇입니까?

수진: 책상입니다.

리쿠: 저것은 냉장고입니까?

수진: 아니요, 냉장고가 아닙니다. 옷장입니다.

〈例〉	제(저의)	책상	냉장고	옷장
(1)	소라 씨	에어컨	텔레비전	컴퓨터
(2)				

1. 次の会話を読んで問いに答えなさい。

> 안나 : 이것은 무엇입니까?
>
> 상우 : 우리 가족 사진입니다.
>
> 안나 : 이 사람은 누구입니까?
>
> 상우 : 우리 누나입니다. 그리고 이분은 우리 어머니입니다.
> 어머니는 한국어 선생님입니다.
>
> 안나 : 그럼 누나도 한국어 선생님입니까?
>
> 상우 : 아니요, 선생님이 아닙니다. 주부입니다.
>
>
>
> *그리고 : そして *그럼 : それでは

(1) 누구 가족 사진입니까?

_____

(2) 상우 씨 누나 직업은 무엇입니까?

① 교사　　　　② 주부　　　　③ 한국어　　　　④ 선생님

2. 次を読んで問いに答えなさい。

> 저는 야마다 하나입니다. 학생입니다.
>
> 이것은 우리 가족 사진입니다.
>
> 이분이 우리 아버지입니다. 아버지는 은행원입니다.
>
> 이분은 우리 어머니입니다. 어머니는 간호사입니다.
>
> 이 사람은 제 남동생입니다.
>
> 동생은 학생이 아닙니다. 경찰관입니다.
>
>

(1) 上記の内容と一致するものを選びなさい。

① 하나 씨는 간호사입니다.　　　② 하나 씨 아버지는 은행원입니다.

③ 하나 씨는 학생이 아닙니다.　　④ 하나 씨 어머니는 경찰관입니다.

(2) 하나 씨 남동생은 직업이 무엇입니까?

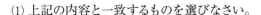

1. 家族を紹介する文章を書きなさい。

_____

_____

_____

_____

_____

1. 次を聞いて内容が正しければ○、間違っていれば×を書きなさい。 🎧 28

(1)   (   )

(2)    (   )

(3)   (   )

(4)    (   )

2. 次の会話を聞いて問いに答えなさい。 🎧 29

(1) 2人は何を見ていますか。

_____

(2) 会話の内容に一致すれば○、間違っていれば×を書きなさい。

① 男性の部屋にテレビがあります。   (   )

② 男性の部屋にパソコンがあります。   (   )

③ 男性の部屋に冷蔵庫はありません。   (   )

여기가 어디예요?

ここはどこですか。

🎧 30 指示詞②

	이 この	그 その	저 あの	어느 どの
곳 所	이곳=여기	그곳=거기	저곳=저기	어느 곳=어디
것(거) 物	이것(이거)	그것(그거)	저것(저거)	어느 것(거)

	이것(이거) これ	그것(그거) それ	저것(저거) あれ
-은/는 ～は	이것은	그것은	저것은
	이건	그건	저건
-이/가 ～が	이것이	그것이	저것이
	이게	그게	저게

🎧 31 **장소** 場所

병원 病院	**서점** 書店	**도서관** 図書館	**백화점** 百貨店
공원 公園	**시장** 市場	**식당** レストラン	**수영장** プール	**미용실** 美容室
약국 薬局	**학교** 学校	**은행** 銀行	**우체국** 郵便局	**운동장** 運動場
카페 カフェ	**영화관** 映画館	**회사** 会社	**편의점** コンビニ	**화장실** トイレ

練習❶ 同じ意味の言葉を書きなさい。

〈例1〉 저게 　→　　　　<u>　　저것이　　</u>　　　〈例2〉 이곳 　→　　　　<u>　　여기　　</u>

(1) 그것이 　→　　　<u>　　　　　　　</u>　　　(2) 이게 　→　　　<u>　　　　　　　</u>

(3) 이것은 　→　　　<u>　　　　　　　</u>　　　(4) 저기 　→　　　<u>　　　　　　　</u>

(5) 저건 　→　　　<u>　　　　　　　</u>　　　(6) 그곳은 　→　　　<u>　　　　　　　</u>

練習❷ 例にならって答えを書きなさい。

〈例1〉

Q: 여기가 어디입니까?

A: 은행입니다.

〈例2〉

Q: 저기는 약국입니까?

A: 아니요, 약국이 아닙니다.
　　병원입니다.

(1)

Q: 거기는 어디입니까?

A: 　<u>　　　　</u>입니다.

(2)

Q: 여기는 식당입니까?

A: 아니요, <u>　　　　　　　　　</u>

<u>　　　　　　　　　　　　　　　　</u>

(3)

Q: 여기는 어디입니까?

A: <u>　　　　　　　　　　　　　　</u>

(4)

Q: 저기는 도서관입니까?

A: 아니요, <u>　　　　　　　　　</u>

<u>　　　　　　　　　　　　　　　　</u>

練習❸ 次の文を韓国語に訳しなさい。

(1) ここはどこですか。

		가				입	니	까	？

(2) そこは市場です。

		는					다	．

(3) あれは机です。

			책	상		다	．

文型

文型 1 「-이다」は、名詞の後に付けて「〜だ」、「〜である」の意味をなす。
インフォーマルな丁寧形として「-예요/이에요(?) (〜です (か))」を用いる。

・ 유학생 센터(이)**다** 留学生センターだ → 유학생 센터**예요.** / 유학생 센터**예요?**

・ 고향은 서울**이다** 故郷はソウルだ → 고향은 서울**이에요.** / 고향은 서울**이에요?**

〈例1〉 화장실 → 화장실**이에요.** 〈例2〉 회사 → 회사**예요.**

(1) 공원 → _____ (2) 언니 → _____

(3) 운동장 → _____ (4) 미용실 → _____

(5) 카페 → _____ (6) 어머니 → _____

〈例3〉 수영장 → 수영장**이에요?** 〈例4〉 학교 → 학교**예요?**

(7) 시장 → _____ (8) 뭐 → _____

(9) 은행 → _____ (10) 백화점 → _____

(11) 할머니 → _____ (12) 오빠 → _____

文型 2 「-이/가 아니다」は、名詞の後に付けて「〜ではない」の意味をなす。
インフォーマルな丁寧形として「-이/가 아니에요(?) (〜ではありません (か))」を用いる。

・ 저 사람은 대학생**이 아니에요.** あの人は大学生ではありません。

・ 여기는 대학교**가 아니에요?** ここは大学ではありませんか。

〈例1〉 Q: 이게 책상이에요?　　　　　　　〈例2〉 Q: 거기는 카페예요?

　　　 A: 아니요, 책상**이 아니에요.**　　　　　　　 A: 아니요, 카페**가 아니에요.**

(1) Q: 저건 냉장고예요?　　　　　　　　(2) Q: 여기는 회사예요?

　　 A: _____　　　　　　　 A: _____

(3) Q: 거기가 프랑스예요?　　　　　　　(4) Q: 그건 책이에요?

　　 A: _____　　　　　　　 A: _____

(5) Q: 저기는 운동장이에요?　　　　　　(6) Q: 이게 컴퓨터예요?

　　 A: _____　　　　　　　 A: _____

(7) Q: 여기가 미국이에요?　　　　　　　(8) Q: 그게 책상이에요?

　　 A: _____　　　　　　　 A: _____

練習❶ 例にならって文を書き直しなさい。

〈例〉 리쿠 씨는 태국 사람**입니까?** → 리쿠 씨는 태국 사람**이에요?**

(1) 안나 씨는 가수가 아닙니다. → _____

(2) 직업은 은행원입니까? → _____

(3) 저건 옷장이 아닙니까? → _____

(4) 제 이름은 수잔입니다. → _____

練習❷ 例にならって答えを書きなさい。

〈例〉

Q: 여기는 운동장이에요?

A: **아니요, 운동장이 아니에요.**
공원이에요.

(1)

Q: 그게 텔레비전이에요?

A: 아니요, _____

_____

(2)

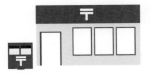

Q: 저기는 은행이에요?

A: 아니요, _____

_____

(3)

Q: 이게 딸기예요?

A: 아니요, _____

_____

練習❸ 次の文を韓国語に訳しなさい。

(1) ここは学校ですか。

		은		학	교		요	?

(2) 私は大学生です。

						요	.

(3) そこはトイレではありません。

		는							요	.

45

会話 **A**

상우: **여기**가 어디예요?

안나: 우리 학교 **유학생 센터**예요.

상우: 저분은 누구예요?

안나: **한국어 선생님**이에요.

상우: 저분도 **한국어 선생님**이에요?

안나: 아니요, 저분은 **한국어 선생님**이 아니에요.

　　 일본어 선생님이에요.

〈例〉	여기	유학생 센터	한국어 선생님	일본어 선생님
(1)	저기	도서관	친구	독일어 선생님
(2)				

수진: 여기는 과일 가게예요.

마크: 이게 뭐예요?

수진: 그건 감이에요.

마크: 그럼 저건 배예요?

수진: 아니요, 배가 아니에요. 사과예요.

마크: 뭐가 귤이에요?

수진: 저게 귤이에요.

〈例〉	감	배	사과	귤
(1)	딸기	토마토	수박	참외
(2)				

1. 次の会話を読んで問いに答えなさい。

> 안나 : 여보세요? 상우 씨, 어디예요?
>
> 상우 : 제 고향이에요.
>
> 안나 : 고향이 어디예요?
>
> 상우 : 부산이에요. 여기는 우리 집이에요.
>
> 안나 : 거기가 상우 씨 방이에요?
>
> 상우 : 네, 제 방이에요. 이게 제 책상예요.
>
> 안나 : 그건 상우 씨 침대예요?
>
> 상우 : 아니요, 침대가 아니에요. 소파예요.

*여보세요 : もしもし *소파 : ソファ

(1) 상우 씨 고향이 어디예요? _____

(2) この部屋にあるものを2つ選びなさい。

 ①   ②   ③    ④

2. 次を読んで問いに答えなさい。

> 안녕하세요? 저는 하나예요.
>
> 이곳은 우리 집이에요. 여기가 제 방이에요.
>
> 이건 제 책상이에요. 그리고 이건 의자예요.
>
> 이게 제 침대예요.
>
> 저기는 부엌이에요. 저게 냉장고예요.
>
> 저건 거울이 아니에요. 사진이에요.
>
> 저분은 우리 할머니예요. 할머니는 주부예요.

(1) 하나 씨 할머니 직업이 뭐예요? _____

(2) ハナさんの部屋にあるものを全て書きなさい。 _____

1. あなたの部屋には何がありますか。

_____

_____

_____

_____

 듣기 リスニング

1. 次を聞いて内容が正しければ○、間違っていれば×を書きなさい。 34

(1) 　（　　）

(2) 　（　　）

(3)  　（　　）

(4) 　（　　）

2. 次を聞いて問いに答えなさい。🎧 35

(1) 리쿠 씨는 직업이 뭐예요?

① 경찰관　　　　② 요리사　　　　③ 미용사　　　　④ 간호사

(2) 内容と一致するものを選びなさい。

① 리쿠 씨 형은 요리사예요.

② 리쿠 씨 누나는 미용사예요.

③ 리쿠 씨 형은 경찰관이 아니에요.

④ 리쿠 씨 남동생은 경찰관이 아니에요.

여동생이 두 명 있습니다.

妹が2人います。

36 물건② 品物②

가방	공책	노트	필통	볼펜	휴대폰
鞄	ノート	ノート	筆箱	ボールペン	携帯電話
휴지	신문	안경	우산	교과서	노트북
ちり紙	新聞	メガネ	傘	教科書	ノートパソコン

37 固有数詞　　※主に個数や人数などを数えるときに使います。

하나	둘	셋	넷	다섯	여섯	일곱	여덟	아홉	열
一つ	二つ	三つ	四つ	五つ	六つ	七つ	八つ	九つ	十

열하나	열둘	열셋	열넷	열다섯
十一	十二	十三	十四	十五

열여섯	열일곱	열여덟	열아홉	스물
十六	十七	十八	十九	二十

열	스물	서른	마흔	쉰	예순	일흔	여든	아흔	백
十	二十	三十	四十	五十	六十	七十	八十	九十	百

38 助数詞①

한 개	두 권	세 명	네 병	스무 살
1個	2冊	3名	4瓶（4本）	20歳
다섯 캔	여섯 잔	일곱 장	여덟 시	아홉 시간
5缶（5本）	6杯	7枚	8時	9時間

Tip 「몇」は、助数詞の前に付いてその数量を尋ねる際に用いる。

〈例〉 **몇** 살이에요?　　何歳ですか。

　　　 몇 명입니까?　　何名ですか。

　　　 모두 **몇** 개예요?　　全部で何個ですか。

　　　 콜라는 **몇** 병이에요?　コーラは何本ですか?

練習❶ 固有語の数詞からなる次の表を完成させなさい。

하나		셋		다섯
	일곱		아홉	
열하나				열다섯
		열여덟		스물
	스물둘		스물넷	
스물여섯				서른

練習❷ 例にならって正しい組合せを選んで線を引きなさい。

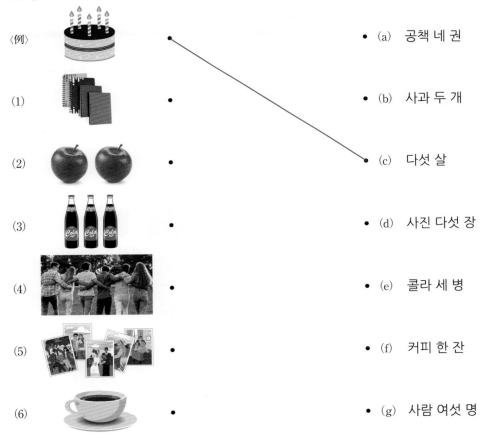

〈例〉

(1)

(2)

(3)

(4)

(5)

(6)

- (a) 공책 네 권
- (b) 사과 두 개
- (c) 다섯 살
- (d) 사진 다섯 장
- (e) 콜라 세 병
- (f) 커피 한 잔
- (g) 사람 여섯 명

1 「-하고」は、名詞の後に付いてさまざまな物事や人物を羅列したり、行為を共にする対象であることを表したりする助詞である。

- 책상**하고** 의자　　机と椅子
- 의자**하고** 책상　　椅子と机
- 누구**하고** 같이 있어요?　　誰と一緒にいますか。

「-하고」同様に「-과/와」を用いることもできる。

- 책상**과** 의자　　机と椅子
- 의자**와** 책상　　椅子と机

〈例〉 남자**하고** 여자　→　남자(**와** / 과) 여자

(1) 밥하고 빵　→　밥(와 / 과) 빵

(2) 책하고 볼펜　→　책(와 / 과) 볼펜

(3) 배하고 감　→　배(와 / 과) 감

(4) 누나하고 형　→　누나(와 / 과) 형

(5) 낮하고 밤　→　낮(와 / 과) 밤

(6) 커피하고 물　→　커피(와 / 과) 물

(7) 입하고 코　→　입(와 / 과) 코

(8) 산하고 바다　→　산(와 / 과) 바다

 2 「있다」、「없다」は、生物・無生物を問わず使うことができる。ここでは、丁寧形及び疑問形としての「있어요.(?)」、「없어요.(?)」と「있습니다.」、「없습니다.」、「있습니까?」、「없습니까?」を用いる。

- 형제가 **있어요**?
  兄弟はいますか。
- 네, 오빠가 한 명 **있어요**.
  はい、兄が1人います。

- 연필이 **있습니까**?
  鉛筆がありますか。
- 아니요, 연필은 **없습니다**. 볼펜은 **있습니다**.
  いいえ、鉛筆はありません。ボールペンはあります。

〈例〉

Q1: 교과서가 있습니까?

A1: **네, 있습니다.**

Q2: 안경이 있어요?

A2: **아니요, 없어요.**

(1)

Q1: 우산이 있습니까?

A1: _____

Q2: 가방이 있습니까?

A2: _____

(2)

Q1: 차가 있습니까?

A1: _____

Q2: 사람이 있어요?

A2: _____

(3)

Q1: 냉장고가 있어요?

A1: _____

Q2: 텔레비전이 있어요?

A2: _____

練習❶ 「-하고」と「-과/와」を用いて例にならって書きなさい.

〈例〉 → 교과서하고 안경

→ 교과서와 안경

(1) → _____

→ _____

(2) → _____

→ _____

(3) → _____

→ _____

(4) → _____

→ _____

(5) → _____

→ _____

練習❷ 例にならって文を完成させなさい。

〈例〉 → 여자 한 명하고 남자 두 명이 있어요.

(1) → _____

(2) → _____

(3) → _____

(4) → _____

練習❸ 次の文を韓国語に訳しなさい。

(1) ノートは何冊ありますか。

| 노 | 트 | 가 | | | | | | 요 | ？ |

(2) 友達は 21 歳です。

| 친 | 구 | 는 | | | | 살 | | 요 | ． |

(3) 弟が 3 人います。

| 남 | 동 | 생 | 이 | | | | | | 다 | ． |

会話 **A**

하나: 가족이 모두 몇 명입니까?

마크: 다섯 명입니다.

하나: 형제가 있습니까?

마크: 네, 여동생이 두 명 있습니다.

하나: 남동생도 있습니까?

마크: 아니요, 남동생은 없습니다.

하나: 여동생은 몇 살입니까?

마크: 열세 살과 열여섯 살입니다.

〈例〉	다섯 명	여동생	남동생	열세 살, 열여섯 살
(1)	일곱 명	누나	형	스물한 살, 스물네 살
(2)				

리쿠: 이게 누구 가방이에요?

수진: 제 가방이에요.

리쿠: 그건 뭐예요?

수진: 제 공책하고 필통이에요.

리쿠: 공책은 몇 권 있어요?

수진: 세 권 있어요.

리쿠: 가위도 있어요?

수진: 네, 가위는 한 개 있어요.

〈例〉	가방	공책	몇 권/세 권	가위 / 한 개
(1)	휴대폰	지우개	몇 개 / 두 개	교과서 / 세 권
(2)				

1. 次の会話を読んで問いに答えなさい。

> 수진 : 이 사람이 누구예요?
> 리쿠 : 우리 누나예요.
> 수진 : 리쿠 씨 누나는 몇 살이에요?
> 리쿠 : 23살이에요. 누나는 경찰관이에요.
>   수진 씨는 형제가 있어요?
> 수진 : 네. 언니 한 명하고 여동생이 두 명 있어요.
>   언니는 회사원이에요. 여동생은 두 명 모두 학생이에요.

(1) 上記の会話と一致するものを選びなさい。

① 리쿠 씨는 경찰관이에요.　　② 수진 씨는 오빠가 있어요.

③ 수진 씨는 언니가 없어요.　　④ 리쿠 씨 누나는 스물세 살이에요.

(2) 수진 씨는 동생이 몇 명이에요? _____

2. 次を読んで問いに答えなさい。

> 여기는 우리 한국어 교실입니다.
> 이분은 한국어 선생님입니다. 선생님은 한국인입니다.
> 우리 반 학생은 모두 8명입니다. 남자는 2명, 여자는 6명 있습니다.
> 책상은 8개 있습니다. 그리고 의자도 8개 있습니다.
> 한국어 교과서는 9권 있습니다. 공책은 8권 있습니다.
> 에어컨은 하나 있습니다. 노트북과 텔레비전은 없습니다.
>
> *교실 : 教室　 *반 : クラス

(1) 이곳은 어디입니까? _____

(2) 여자 학생은 모두 몇 명입니까? _____

(3) 上記の内容と一致するものを選びなさい。

① 책상은 여덟 개 있습니다.　　② 교과서가 일곱 권 있습니다.

③ 학생은 모두 아홉 명입니다.　　④ 에어컨하고 텔레비전이 없습니다.

1. 韓国語の教室に何がありますか。

_____

_____

_____

_____

_____

1. 次を聞いて内容が正しければ○、間違っていれば×を書きなさい。
41

(1)  (2)   (3)  (4)

(   )   (   )   (   )   (   )

2. 次の会話を聞いて問いに答えなさい。
42

(1) 会話の内容と一致するものを選びなさい。

① 여자는 오빠가 없어요.   ② 여자는 여동생이 2명 있어요.

③ 남자는 누나가 없어요.   ④ 남자는 남동생이 1명 있어요.

(2) 마크 씨 형은 몇 살입니까?

① 19살   ② 20살   ③ 22살   ④ 25살

토요일에 공원에서 운동해요.

土曜日に公園で運動します。

위치 位置

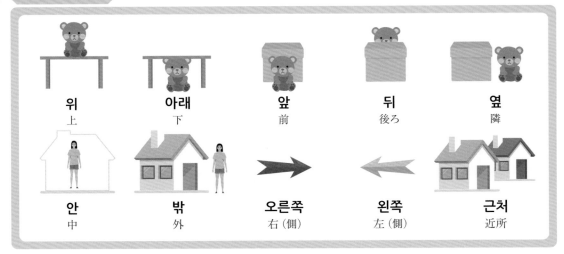

위 上	**아래** 下	**앞** 前	**뒤** 後ろ	**옆** 隣
안 中	**밖** 外	**오른쪽** 右（側）	**왼쪽** 左（側）	**근처** 近所

動詞①

공부하다 勉強する	**운동하다** 運動する	**산책하다** 散歩する	**전화하다** 電話する	
요리하다 料理する	**이야기하다** 話す	**수영하다** 水泳する （泳ぐ）	**일하다** 仕事する （働く）	**쇼핑하다** ショッピングする （買い物する）

요일 曜日

월요일 月曜日	**화요일** 火曜日	**수요일** 水曜日	**목요일** 木曜日	**금요일** 金曜日	**토요일** 土曜日	**일요일** 日曜日
평일 平日					**주말** 週末	

練習❶ 女性はどこにいますか。正しいものを選んで線を引きなさい。

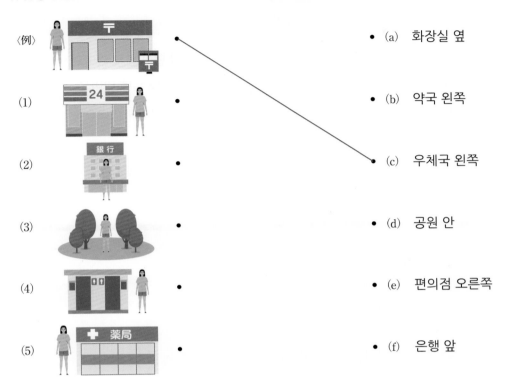

〈例〉 ● ● (a) 화장실 옆

(1) ● ● (b) 약국 왼쪽

(2) ● ● (c) 우체국 왼쪽

(3) ● ● (d) 공원 안

(4) ● ● (e) 편의점 오른쪽

(5) ● ● (f) 은행 앞

練習❷ 例にならって答えを完成させなさい。

월요일	화요일	수요일	목요일	금요일	토요일	일요일

〈例〉 월요일 → 산책하다

(1) ( ) → 전화하다 (2) 목요일 → ( )

(3) ( ) → 공부하다 (4) 수요일 → ( )

(5) ( ) → 쇼핑하다 (6) 일요일 → ( )

「-에」は、場所を表す名詞の後に付けて場所や位置、方向を表す。また、日時を表す名詞の後に付けて時を指定する。「-에는」や「-에도」などの形としても用いることができる。

- 볼펜이 어디**에** 있어요?   ボールペンはどこにありますか。
- 수요일하고 금요일**에는** 한국어 수업이 있습니다. 水曜日と金曜日には韓国語の授業があります。

〈例1〉 Q: 하나 씨가 어디에 있어요?

      A: (식당 뒤) **식당 뒤에 있어요.**

(1) Q: 미나 씨가 어디에 있어요?

      A: (카페 근처) _____

(3) Q: 한국어 수업이 언제 있어요?

      A: (목요일) _____

〈例2〉 Q: 중국어 수업이 언제 있어요?

      A: (월요일) **월요일에 있어요.**

(2) Q: 리쿠 씨가 어디에 있어요?

      A: (서점 옆) _____

(4) Q: 영어 수업이 언제 있어요?

      A: (화요일) _____

「하다.」の非格式体の丁寧形は「해요.」、疑問文は「해요?」になる。
「해요.」は、状況によって勧誘文として使われることがある。

- 공부**해요.** 勉強します。   • 운동**해요?** 運動しますか。
- 일요일에 같이 산책**해요.** 日曜日に一緒に散歩しましょう。

格式体の丁寧形は「-합니다.」で、疑問形は「-합니까?」になる。

- 공부**합니다.** 勉強します。   • 운동**합니까?** 運動しますか。

〈例〉 수영하다	수영해요	수영합니다.	수영합니까?
(1) 일하다			
(2) 전화하다			
(3) 쇼핑하다			

「-에서」は、場所を表す名称の後に付けて動作を行う場所を示す。

- 지금 어디**에서** 전화해요?   今、どこで電話していますか。
- 영화관**에서** 아르바이트합니다.   映画館でアルバイトしています。

〈例〉 회사 / 일하다   →   **회사에서 일합니다. / 일해요.**

(1) 학교 / 공부하다   → _____

(2) 수영장 / 수영하다 → _____

(3) 식당 / 요리하다   → _____

練習❶ ( ) 内の選択肢のうち、正しいものを選びなさい。

〈例1〉 은행이 어디((에) / 에서) 있어요?　　　　　〈例2〉 도서관(에 / (에서)) 공부해요.

(1) 카페(에 / 에서) 이야기해요.　　　　　　　(2) 회사 옆(에 / 에서) 공원이 있어요?

(3) 교과서가 책상 위(에 / 에서) 있어요.　　　　(4) 하나 씨는 한국(에 / 에서) 일해요.

(5) 주말(에 / 에서) 아르바이트해요.　　　　　(6) 어디(에 / 에서) 아르바이트해요?

練習❷ 例にならって答えを書きなさい。

〈例〉 월요일에 뭐 해요?　　　　　　　　　　　(1) 목요일에 뭐 해요?

(운동장 / 운동하다)　　　　　　　　　　　(수영장 / 수영하다)

　　→ **운동장에서 운동해요.**　　　　　　　　　　→ _____

(2) 주말에 뭐 해요?　　　　　　　　　　　　(3) 금요일에 뭐 해요?

(백화점 / 쇼핑하다)　　　　　　　　　　　(집 / 요리하다)

　　→ _____　　　　　　　　　　→ _____

(4) 화요일에 뭐 해요?　　　　　　　　　　　(5) 수요일에 뭐 해요?

(회사 / 일하다)　　　　　　　　　　　　　(공원 / 산책하다)

　　→ _____　　　　　　　　　　→ _____

練習❸ 次の文を韓国語に訳しなさい。

(1) どこで勉強しますか。

어	디								까	?

(2) 週末にカフェで働きます。

주	말			카	페						다	.

(3) 友達が公園の前にいます。

친	구	가									요	.

会話 A

하나: 상우 씨는 어디에서 아르바이트합니까?

상우: 저는 편의점에서 아르바이트합니다.

하나: 그 편의점은 어디에 있습니까?

상우: 은행 오른쪽에 있습니다.

　　　하나 씨도 아르바이트합니까?

하나: 네. 저는 카페에서 일합니다.

　　　그 카페는 백화점 근처에 있습니다.

〈例〉	편의점	은행 오른쪽	카페	백화점 근처
(1)	식당	우체국 뒤	미용실	서점 아래
(2)				

리쿠: 수진 씨, 토요일에 뭐 해요?

수진: 친구하고 백화점에서 쇼핑해요.

리쿠: 그럼 일요일에는 뭐 해요?

수진: 도서관에서 공부해요.

　　리쿠 씨는 주말에 뭐 해요?

리쿠: 저는 토요일에 공원에서 운동해요.

　　그리고 일요일에는 집에 있어요.

〈例〉	백화점/쇼핑하다	도서관/공부하다	공원/운동하다	집에 있다
(1)	수영장/수영하다	공원/산책하다	식당/일하다	집에서 요리하다
(2)				

1. 次の会話を読んで内容に一致すれば〇、間違っていれば×を書きなさい。

> 안나 : 여보세요? 상우 씨, 지금 어디에 있어요?
>
> 상우 : 학교에 있어요.
>
> 안나 : 그래요? 저도 학교에 있어요. 상우 씨는 지금 뭐 해요?
>
> 상우 : 마크 씨하고 같이 도서관에서 공부해요.
>
>   안나 씨는 뭐 해요?
>
> 안나 : 저는 지금 운동장에서 하나 씨와 운동해요.

*그래요? : そうですか。

(1) 안나 씨는 지금 도서관에 있어요.   (   )

(2) 상우 씨는 학교에서 공부해요.   (   )

(3) 마크 씨는 안나 씨와 같이 있어요.   (   )

(4) 하나 씨는 운동장에서 운동해요.   (   )

2. 次を読んで問いに答えなさい。

> 저는 야마다 하나입니다. 여기는 우리 학교입니다.
>
> 학교 안에는 교실과 도서관, 식당, 카페, 그리고 서점이 있습니다.
>
> 운동장과 수영장은 없습니다.
>
> 도서관은 카페 앞에 있습니다.
>
> 저는 평일에 도서관에서 공부합니다.
>
> 주말에는 카페에서 한국인 친구하고 같이 공부합니다.
>
> 우리는 한국어로 이야기합니다.

*(한국어)로 : (韓国語)で

(1) 하나 씨는 친구와 카페에서 뭐 해요?

_____

(2) 上記の内容と一致しないものを選びなさい。

① 학교 안에 서점이 있어요.   ② 하나 씨는 주말에 도서관에서 공부해요.

③ 카페는 도서관 근처에 있어요.   ④ 하나 씨는 친구와 한국어로 이야기해요.

1. 次の地図を見て位置を説明する文章を書きなさい。

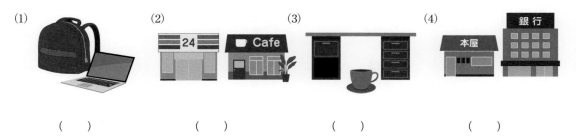

저는 병원 옆에 있습니다.

병원은

1. 次を聞いて内容が正しければ○、間違っていれば×を書きなさい。 48

(1) ( )

(2) 24 Cafe ( )

(3) ( )

(4) 本屋 銀行 ( )

2. 次の会話を聞いて問いに答えなさい。 49

(1) 하나 씨는 어디에 있어요?

_____

(2) 会話の内容と一致しないものを選びなさい。

① 리쿠 씨는 운동장에 있어요.

② 마크 씨는 학교에서 공부해요.

③ 하나 씨는 언니와 같이 있어요.

④ 하나 씨와 언니는 백화점에서 쇼핑해요.

第9課 저녁에 친구를 만나요.

夕方に友達に会います。

動詞②

가다 行く	**사다** 買う	**자다** 寝る	**타다** 乗る
만나다 会う	**일어나다** 起きる		
서다 立つ	**세다** 数える	**보내다** 送る	
오다 来る	**보다** 見る	**배우다** 習う、学ぶ	**주다** 与える、やる
마시다 飲む	**가르치다** 教える	**다니다** 通う	**내리다** 降りる
앉다 座る	**닫다** 閉じる	**받다** もらう、受け取る	
먹다 食べる	**읽다** 読む	**입다** 着る	**쉬다** 休む
팔다 売る	**열다** 開ける	**살다** 住む、生きる	

때 時

아침 朝、朝食	**점심** 昼、昼食	**저녁** 夕方、夕食	**새벽** 夜明け、夜中
낮 昼	**밤** 夜	**오전** 午前	**오후** 午後

練習❶ 関連のある言葉どうしで結びなさい。

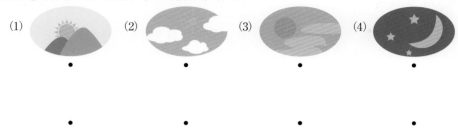

(1)　　　　(2)　　　　(3)　　　　(4)

(a) 저녁　　　(b) 낮　　　(c) 아침　　　(d) 밤

練習❷ 反対の意味を持つ言葉どうしで結びなさい。

〈例〉 가다　　　　　　　　　　　　　　　• (a) 서다

(1) 타다　　　　•　　　　　　　　　　　• (b) 받다

(2) 배우다　　　•　　　　　　　　　　　• (c) 열다

(3) 앉다　　　　•　　　　　　　　　　　• (d) 팔다

(4) 닫다　　　　•　　　　　　　　　　　• (e) 오다

(5) 사다　　　　•　　　　　　　　　　　• (f) 내리다

(6) 주다　　　　•　　　　　　　　　　　• (g) 가르치다

練習❸ 次の語群の中から最も適切な単語を選んで書きなさい。

| 만나다 | 일어나다 | 보내다 | 마시다 | 읽다 | 열다 |

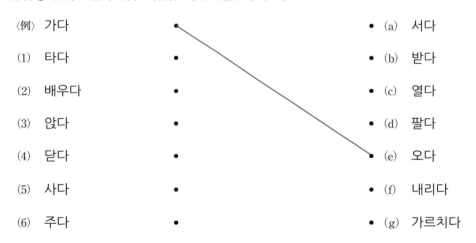

〈例〉　　　　　　　　(1)　　　　　　　(2)

보내다

(3)　　　　　　　　　(4)　　　　　　　(5)

1 「-을/를」は、直前にくる名詞が文の目的語であることを表す助詞で、ある行為が及んだ直接的な対象を表す。

- 낮에 청소를 합니다.
  昼に掃除をします。
- 친구와 약속을 해요.
  友達と約束をします。

- 밤에는 빨래를 합니다.
  夜には洗濯をします。
- 저는 토요일 아침에 등산을 해요.
  私は土曜日の朝に登山をします。

 以下のように韓国語と日本語において助詞の使い方が異なる例がある。

* 「~に乗る」 → 「-을/를 **타다**」 　　* 「~に会う」 → 「-을/를 **만나다**」
* 「~が好きだ」 → 「-을/를 **좋아하다**」 〈例〉 영화를 좋아해요. 映画が好きです。

〈例〉 아르바이트하다 　→ 　아르바이트(을 /(를)) 하다

(1) 공부하다 　→ 　공부(을 / 를) 하다 　　(2) 수영하다 　→ 　수영(을 / 를) 하다

(3) 운동하다 　→ 　운동(을 / 를) 하다 　　(4) 요리하다 　→ 　요리(을 / 를) 하다

(5) 쇼핑하다 　→ 　쇼핑(을 / 를) 하다 　　(6) 산책하다 　→ 　산책(을 / 를) 하다

(7) 전화하다 　→ 　전화(을 / 를) 하다 　　(8) 이야기하다 → 　이야기(을 / 를) 하다

 2 「-아/어/여요」は、出来事を述べるほか疑問・命令・要請を表す丁寧な言い方である。
最後の音節の母音が「ㅏ」、「ㅗ」の場合は「-아요」を、「ㅏ」、「ㅗ」以外では「-어요」を、
「하다」の場合は「-여요」を使う(「하여요」の縮約形である「해요」を主に用いる)。

- 서울에 살**아요**. ソウルに住んでいます。　　・ 편지를 읽**어요**. 手紙を読みます。
- 동아리에서 태권도를 배워**요**? サークルでテコンドーを習いますか。

[参考] パッチムのない動詞・形容詞

ㅏ, ㅓ, ㅐ, ㅔ, ㅕ	-요	가요	ㅣ	-ㅕ요	마셔요
ㅗ	-ㅘ요	와요	ㅡ	11課参照	바빠요, 예뻐요
ㅜ	-ㅝ요	배워요	その他	-어요	쉬어요

*次の表を完成させなさい。

基本形	-아/어/여요	基本形	-아/어/여요	基本形	-아/어/여요
사다	**사요**	자다		만나다	
서다		세다		보내다	
보다		주다		내리다	
앉다		읽다		열다	

練習❶ 次の語群の中から最も適切な単語を選びなさい。

보다	먹다	가르치다	마시다	읽다	열다

〈例〉 (밥) <u>밥을 먹다</u>

(1) (문) _____

(2) (책) _____

(3) (한국어) _____

(4) (물) _____

(5) (텔레비전) _____

練習❷ 例にならって答えを書きなさい。

〈例〉 친구 / 만나다 → **친구를 만나요.**

(1) 바나나 / 먹다 → _____

(2) 차 / 타다 → _____

(3) 커피 / 마시다 → _____

(4) 문 / 닫다 → _____

(5) 옷 / 입다 → _____

(6) 가방 / 사다 → _____

(7) 영화 / 보다 → _____

(8) 수영 / 배우다 → _____

練習❸ 次の文を韓国語に訳しなさい。

(1) 学校で韓国語を習いますか。

학	교				한	국	어					요	?

(2) 私は英語を教えます。

			영	어						요	.

(3) 市場で果物を売ります。

시	장				과	일					요	.

会話 **A**

상우: 안나 씨, 오후에 시간 있어요?

안나: 아니요, 오후에는 아르바이트를 해요.

상우: 아르바이트는 어디에서 해요?

안나: 학교 앞 편의점에서 해요.

　　　상우 씨는 주말에 무엇을 해요?

상우: 저는 약속이 없어요.

　　　주말에는 산책을 해요.

〈例〉	오후	아르바이트	학교 앞 편의점	산책을 하다
(1)	저녁	중국어 공부	집 근처 도서관	등산을 하다
(2)				

마크: 수진 씨, 금요일에 학교에 와요?

수진: 아니요, 금요일에는 친구를 만나요.

마크: 어디에서 친구를 만나요?

수진: 집 근처 카페에서 만나요.

　　　마크 씨는 금요일에 학교에 가요?

마크: 네, 금요일에 영어 동아리가 있어요.

　　　저는 동아리에서 영어를 가르쳐요.

〈例〉	금요일	친구를 만나다	카페에서 만나다	영어 / 가르치다
(1)	월요일	옷을 사다	시장에서 사다	태권도 / 배우다
(2)				

1. 次の会話を読んで問いに答えなさい。

> 수진 : 수요일 오후에 수업이 있어요?
> 리쿠 : 아니요, 수업은 없어요.
> 　　　오후에는 학교 옆 공원에 가요.
> 　　　공원에서 태권도 연습을 해요.
> 수진 : 그래요? 저도 태권도를 배워요. 같이 연습해요.
> 리쿠 : 네, 좋아요. 그럼 오후에 공원에서 봐요.
>
> *연습(을) 하다 : 練習(を)する　　*좋아요 : 良いですよ

(1) 두 사람은 수요일 오후에 어디에서 만나요? _____

(2) 두 사람은 같이 무엇을 연습합니까?

① 　② 　③ 　④

2. 次を読んで問いに答えなさい。

> 저는 평일 오전에 한국 학교에 다녀요.
> 한국 학교에서 한국어와 태권도를 배워요.
> 학교에는 한국인 친구도 있어요.
> 주말에는 수업이 없어요.
> 토요일에는 학교 앞에서 한국인 친구를 만나요.
> 우리는 같이 카페에서 한국어 숙제를 해요.
> 그리고 일요일에는 공원에서 태권도 연습을 해요.
>
> *숙제 : 宿題

(1) 한국 학교에서 무엇을 배워요? _____

(2) 上記の内容と一致するものを選びなさい。

① 평일에는 수업이 없어요.　　　② 한국 학교에는 한국 사람이 없어요.

③ 토요일에 친구하고 숙제를 해요.　④ 일요일에 학교에서 태권도를 배워요.

1. 例にならって1週間の計画を曜日ごとに書きなさい。

〈例〉 월요일 오전에는 학교에 가요. 화요일 저녁에는 아르바이트를 해요.

_____

_____

_____

_____

1. 次を聞いて内容に相応しいイラストの番号を書きなさい。
54

① 　　　　② 　　　　③ 　　　　④ 　　　　⑤

(1) (　　　)　　　　(2) (　　　)　　　　(3) (　　　)　　　　(4) (　　　)

2. 次の会話を聞いて問いに答えなさい。
55

(1) 두 사람은 어디에서 만나요?

① 집　　　　　② 영화관　　　　　③ 학교　　　　　④ 도서관

(2) 会話の内容と一致するものを選びなさい。

① 여자는 토요일에 도서관에 가요.　　② 남자는 토요일에 영화관에 가요.

③ 여자는 일요일에 집에서 쉬어요.　　④ 남자는 일요일에 영어를 공부해요.

第10課 몇 시에 학교에 옵니까?

何時に学校に来ますか。

漢数詞

56

1	2	3	4	5	6	7	8	9	10
일	이	삼	사	오	육	칠	팔	구	십

11	12	13	14	15	16	17	18	19	20
십일	십이	십삼	십사	십오	십육	십칠	십팔	십구	이십

30	40	50	60	70	80	90	100	1,000	10,000
삼십	사십	오십	육십	칠십	팔십	구십	백	천	만

Tip1 '16' は [심뉵] と発音する。'10,000' は '일만' ではなく '만' と読む。

Tip2 電話番号を読む時、'0' は '영' または '공' と読む。「-」は、'의[에]' と発音するか省略する。

〈例〉 010-9876-5432 공일공(의) 구팔칠육(의) 오사삼이

助数詞② (日付関連表現は13課を参照)

57

일 분	이 층	삼 페이지	사 번	오 학년
1分	2階	3ページ	4番	5年生

이천이십육 년	칠 월	팔 일	구만 천오십 원
2026年	7月	8日	91,050ウォン

時刻の読み方

58

지금 몇 시예요? 今、何時ですか。

| 10 : 50 | 오전 열 시 오십 분 | 12 : 45 | 오후 열두 시 사십오 분 |
| 13 : 20 | 오후 한 시 이십 분 | 3 : 30 | 오전 세 시 삼십 분 (세 시 반) |

練習❶ 例にならって次の時間を韓国語に書き直しなさい。

〈例1〉 5:20 a.m. → 오전 다섯 시 이십 분　　〈例2〉 1:40 p.m. → 오후 한 시 사십 분

(1) 10:00 a.m. → _____　　　　(2) 12:43 p.m. → _____

(3) 6:15 a.m. → _____　　　　(4) 3:52 p.m. → _____

(5) 8:30 a.m. → _____　　　　(6) 4:27 p.m. → _____

練習❷ 例にならって次の数字を韓国語に書き直しなさい。

〈例〉 15階 → 　　십오 층

(1) 73페이지 → _____　　　(2) 2024년　　　 → _____

(3) 19,800원 → _____　　　(4) 1학년　　　 → _____

(5) 9월 25일 → _____　　　(6) 02-123-4567번 → _____

練習❸ 例にならって答えを書きなさい。

〈例〉 아침 7:10

청소를 하다

　아침 일곱 시 십 분에 청소를 해요 .

(1) 밤 9:40

친구와 이야기하다

_____

(2) 낮 12:30

점심을 먹다

_____

(3) 저녁 6:15

빨래를 하다

_____

(4) 오전 10:20

학교에 가다

_____

(5) 오후 3:45

집에 오다

_____

文 型

「-부터 (～から)」は、ある動作や状態が始まる基点であることを表す。
「-까지 (～まで)」は、範囲の終点や限界を表す。
「-에서 (～から)」は、ある行為や状態の出発点や開始点を表す。

・ 내일 오전 열한 시**부터** 오후 두 시**까지** 영화를 봐요.
  明日午前11時から午後2時まで映画を見ます。

・ 도쿄**에서** 오사카**까지** 여행해요.
  東京から大阪まで旅行します。

〈例1〉아침 ~ 저녁　　　→　　**아침부터 저녁까지**　〈例2〉집 ~ 학교　　　→　　**집에서 학교까지**

(1)　월요일 ~ 수요일　→ _____　(2)　서울 ~ 부산　　→ _____

(3)　1학년 ~ 2학년　→ _____　(4)　영화관 ~ 병원　→ _____

〈例3〉11시~12시 40분　　　　　→　　**오전 열한 시부터 오후 열두 시 사십 분까지**

(5)　8시 20분~15시 30분　→ _____

(6)　10시 15분~17시 45분　→ _____

「-ㅂ니다/습니다(까?)」は丁寧に文章を締めくくる時に使う。動詞・形容詞の基本形の「-다」を取り除いた後 (語幹) の最後の文字にパッチムがない、もしくは「ㄹ」パッチムの場合は「-ㅂ니다.」、「ㅂ니까?」を、「ㄹ」以外のパッチムの場合は「습니다.」、「-습니까?」を用いる。

・ 오전 아홉 시부터 오후 다섯 시까지 일을 **합니다.**
  午前9時から午後5時まで仕事をします。

・ 상우 씨는 오늘 친구와 함께 사진을 찍**습니다.**
  サンウさんは今日友達と一緒に写真を撮ります。

・ 그 식당 전화번호를 압**니까?**
  そのレストランの電話番号を知っていますか。

＊次の表を完成させなさい。

基本形	-아/어요	-ㅂ/습니다.	-ㅂ/습니까?
자다 寝る	자요	잡니다.	잡니까?
입다 着る	입어요	입습니다.	입습니까?
살다 住む、暮らす	살아요	삽니다.	삽니까?
만나다 会う			
읽다 読む			
앉다 座る			
열다 開ける			

練習❶ 例にならって文を書き直しなさい。

〈例〉빨래를 해요. →   **빨래를 합니다.**

(1) 물을 마셔요. → _____

(2) 태권도를 배워요. → _____

(3) 문을 열어요. → _____

(4) 의자에 앉아요. → _____

(5) 옷을 입어요. → _____

(6) 편지를 읽어요. → _____

(7) 과일을 팔아요. → _____

(8) 청소를 해요. → _____

練習❷ 例にならって答えを書きなさい。

〈例〉 9:00 ~ 15:50 수업이 있다

→   **오전 아홉 시부터 오후 세 시 오십 분까지 수업이 있습니다.**

(1) 10:15 ~ 11:00 산책을 하다

→ _____

(2) 8:00 ~ 8:30 아침을 먹다

→ _____

(3) 13:10 ~ 14:25 책을 읽다

→ _____

(4) 9:45 ~ 12:00 청소를 하다

→ _____

(5) 18:40 ~ 19:20 요리를 하다

→ _____

練習❸ 次の文を韓国語に訳しなさい。

(1) 今日から明日まで休みます。

| 오 | 늘 | | | 내 | 일 | | | | 다 | . |

(2) 7時に夕飯を食べます。

| | | | 에 | | | 을 | | | 다 | . |

(3) 弟はどこに住んでいますか。

| | | 은 | | | | | 까 | ? |

59 会話 **A**

상우: 안나 씨, 내일은 몇 시에 학교에 옵니까?

안나: 오전 열한 시에 갑니다.

상우: 수업은 몇 시부터입니까?

안나: 한 시 삼십 분부터 세 시까지입니다.

상우 씨는 오늘 무엇을 합니까?

상우: 오전에는 일본어를 공부합니다.

그리고 오후에는 도서관에서 책을 읽습니다.

〈例〉	오전 11시	1시 30분~3시	일본어를 공부하다	도서관/책을 읽다
(1)	오전 9시	2시~4시 40분	친구를 만나다	공원/사진을 찍다
(2)				

리쿠: 하나 씨, 오늘 한국어 숙제가 있습니까?

하나: 네, 교과서 12페이지부터 15페이지까지입니다.

리쿠: 영어 숙제도 압니까?

하나: 아니요. 영어 숙제는 수진 씨가 압니다.

　　　수진 씨는 오늘 오후 5시까지 아르바이트를 합니다.

리쿠: 그럼 수진 씨 전화번호를 압니까?

하나: 네, 010-2356-8947번입니다.

〈例〉	12~15페이지	오후 5시	아르바이트를 하다	010-2356-8947
(1)	18~22페이지	오후 1시	영화를 보다	060-7985-1232
(2)				

1. 次の会話を読んで問いに答えなさい。

> 수진 : 내일 몇 시에 학교에 옵니까?
> 리쿠 : 내일은 오후 1시부터 수업이 있습니다.
>   수진 씨는 내일 학교에 옵니까?
> 수진 : 네, 내일은 아침부터 수업이 있습니다. 8시까지 학교에 갑니다.
>   리쿠 씨는 학교 식당에서 점심을 먹습니까?
> 리쿠 : 아니요, 집에서 먹습니다. 저녁에는 도서관 옆 식당에 갑니다.

(1) 수진 씨는 내일 몇 시까지 학교에 와요?

_____

(2) 리쿠씨는 어디에서 점심을 먹어요?

① 집　　　　　② 학교　　　　　③ 도서관　　　　　④ 식당

2. 次を読んで問いに答えなさい。

> 저는 매일 아침 일곱 시에 일어납니다.
> 일곱 시 반부터 집 앞 공원에서 산책을 합니다.
> 그리고 여덟 시에 아침을 먹습니다. 오전에는 제 방을 청소합니다.
> 오후 한 시에 학교에 갑니다. 학교에서는 한국어와 영어를 배웁니다.
> 수업은 다섯 시까지 있습니다.
> 여섯 시부터 아홉 시까지는 도서관에서 책을 읽습니다.
> 밤 열 시에 집에 옵니다. 그리고 열두 시에 잡니다.
>
>   *매일 : 毎日

(1) 이 사람은 몇 시부터 몇 시까지 도서관에서 책을 읽습니까?

_____

(2) 上記の内容と一致するものを選びなさい。

① 이 사람은 아침 7시에 산책해요.　　　② 이 사람은 오전에 방을 청소해요.

③ 이 사람은 11시에 학교에 가요.　　　④ 이 사람은 오후 5시에 집에 와요.

1. 80ページの「リーディング」問2の文章を参照してあなたの日課を時間順に書きなさい。

_____

_____

_____

_____

_____

1. 次を聞いて下記の時間に適切な番号を書きなさい。
61

① 07:30 a.m.　　　② 04:45 p.m.　　　③ 11:20 a.m.

④ 09:30 a.m.　　　⑤ 03:00 p.m.　　　⑥ 1:00 p.m.

〈例〉(④)　　　(1) (　　)　　　(2) (　　)　　　(3) (　　)　　　(4) (　　)

2. 次の会話を聞いて問いに答えなさい。
62

(1) 여자는 오늘 몇 시에 학교에 갑니까?

① 10:00 a.m.　　　② 10:30 a.m.　　　③ 02:00 p.m.　　　④ 02:30 p.m.

(2) 회화의 내용과 일치하는 것을 고르십시오.

① 남자는 오늘 쇼핑을 합니다.　　　② 남자는 내일 공원에 갑니다.

③ 여자는 오늘 수업이 없습니다.　　　④ 여자는 내일 사진을 찍습니다.

第11課 저는 오늘 쇼핑 안 해요.

私は今日買い物しません。

衣類

원피스
ワンピース

와이셔츠
ワイシャツ

스웨터
セーター

넥타이
ネクタイ

양말
靴下

청바지
ジーンズ

반바지
半ズボン

스카프
スカーフ

운동화
運動靴

신발
履物

形容詞①

많다 ⟷ 적다
(量) 多い　少ない

크다 ⟷ 작다
(サイズ) 大きい　小さい

좋다 ⟷ 나쁘다
良い　悪い

높다 ⟷ 낮다
(高さ) 高い　低い

길다 ⟷ 짧다
(長さ) 長い　短い

싸다 ⟷ 비싸다
(値段) 安い　高い

재미있다 ⟷ 재미없다
面白い　面白くない

맛있다 ⟷ 맛없다
おいしい　まずい

디자인이 멋있다
デザインが格好いい

머리가 아프다
頭が痛い

배가 고프다
お腹がすく

회사가 바쁘다
会社が忙しい

꽃이 예쁘다
花がきれいだ

일이 힘들다
仕事が大変だ

채소가 신선하다
野菜が新鮮だ

副詞① 程度や頻度を表す言葉

아주	정말	많이	너무	자주	조금(좀)	가끔	거의
とても	本当に	大変	あまり	よく	少し	たまに	ほとんど
かなり	とても	たくさん	とても	しばしば	ちょっと		

練習❶ 例のように反対の意味を持つ言葉を選んで結びなさい。

〈例〉 좋다 ● ● (a) 적다

(1) 싸다 ● ● (b) 맛없다

(2) 크다 ● ● (c) 작다

(3) 높다 ● ● (d) 나쁘다

(4) 많다 ● ● (e) 짧다

(5) 맛있다 ● ● (f) 비싸다

(6) 길다 ● ● (g) 낮다

練習❷ (　　　) 内の選択肢のうち、最も適切なものを選びなさい。

〈例〉 물을 (많이 / 거의) 마셔요.　　(1) 고기가 (거의 / 아주) 신선해요.

(2) 영화가 (너무 / 자주) 재미없어요.　　(3) 의자가 (너무 / 거의) 낮아요.

(4) 일이 (조금 / 거의) 힘들어요.　　(5) 엄마하고 (정말 / 가끔) 전화해요.

練習❸ 例のように各商品の値段を韓国語で書きなさい。

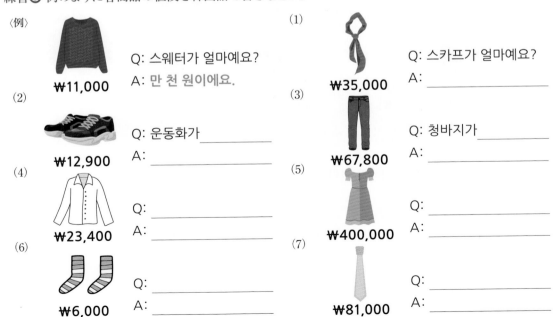

〈例〉

₩11,000

Q: 스웨터가 얼마예요?

A: 만 천 원이에요.

(1)

₩35,000

Q: 스카프가 얼마예요?

A: _____

(2)

₩12,900

Q: 운동화가 _____

A: _____

(3)

₩67,800

Q: 청바지가 _____

A: _____

(4)

₩23,400

Q: _____

A: _____

(5)

₩400,000

Q: _____

A: _____

(6)

₩6,000

Q: _____

A: _____

(7)

₩81,000

Q: _____

A: _____

否定文を作る方法は2つある。動詞・形容詞の前に「안」を付けるか、基本形の「-다」を取り除いた後(語幹)に「-지 않다」を付ける。ただし、「○○하다」動詞のうち「○○을/를 하다」に言い換えられる場合、「안」は「하다」の前に位置し、「○○ 안 하다」のようになる。

- 값이 비싸다　値段が高い　→ 값이 **안** 비쌉니다. / 비싸**지 않습니다**.
- 숙제가 많다　宿題が多い　→ 숙제가 **안** 많아요? / 많**지 않아요**?
- 공부하다　　勉強する　→ 공부 **안** 해요. (○) / 공부하**지 않아요**.
  　　　　　　　　　　　　＊ **안** 공부해요. (×)
- 좋아하다　　好きだ　→ **안** 좋아해요. (○) / 좋아하**지 않습니다**.

〈例1〉입다 → **안** 입다 / 입**지 않다**　　〈例2〉일하다 → 일 **안** 하다 / 일하**지 않다**

(1) 앉다　　　　→ _____

(2) 수영하다　　→ _____

(3) 높다　　　　→ _____

(4) 좋아하다　　→ _____

(5) 길다　　　　→ _____

(6) 전화하다　　→ _____

 動詞・形容詞の基本形の「다」を取り除いた後(語幹)に残る最後の文字の母音が「으」の場合、「-아/어」が続くと「으」母音が脱落する。「으」前の母音が「ㅏ」、「ㅗ」の場合は「-ㅏ요」を、その他では「-ㅓ요」を付ける。

- 조금 바쁘다　少し忙しい　→ 조금 바빠요. / 조금 바쁩니다.
- 일기를 쓰다　日記を書く　→ 일기를 써요? / 일기를 씁니까?
- Q: 이 원피스 어때요?　このワンピースどうですか。
  A: 아주 예뻐요.　とてもかわいいです。

〈例〉머리가 아프다 → 머리가 아**파**요.

(1) 구두가 크다　→ _____　(2) 회사가 바쁘다　→ _____

(3) 배가 고프다　→ _____　(4) 다리가 아프다　→ _____

(5) 옷이 예쁘다　→ _____　(6) 이름을 쓰다　→ _____

(7) 눈이 나쁘다　→ _____

練習❶ 例にならって答えを書きなさい。

〈例 1〉 Q: 일이 힘듭니까?

　　　　A: 아니요, **안 힘듭니다.**

〈例 2〉 Q: 반바지가 비쌉니까?

　　　　A: 아니요, **비싸지 않습니다.**

(1) Q: 신발이 작습니까?

　　A: 아니요, _____

(2) Q: 의자가 낮습니까?

　　A: 아니요, _____

(3) Q: 치마가 짧습니까 ?

　　A: 아니요, _____

(4) Q: 채소가 신선합니까?

　　A: 아니요, _____

練習❷ 例にならって文を書き直しなさい。

〈例〉 신발이 크다　　→　　Q: 신발이 **커요?**

　　　　　　　　　　　　　A: 아니요, **안 커요. / 크지 않아요.**

(1) 배가 고프다　　→　　Q: 배가 고파요?

　　　　　　　　　　　　A: 아니요, _____

(2) 꽃이 예쁘다　　→　　Q: _____

　　　　　　　　　　　　A: _____

(3) 눈이 나쁘다　　→　　Q: _____

　　　　　　　　　　　　A: _____

(4) 편지를 쓰다　　→　　Q: _____

　　　　　　　　　　　　A: _____

練習❸ 次の文を韓国語に訳しなさい。

(1) コーヒーはほとんど飲みません。

커	피									다	.

(2) 今は忙しくないです。

지	금					요	.

(3) 靴が少し小さくありませんか。

		가		조	금					요	?

会話 **A**

안나: 상우 씨는 오늘 뭐 해요?

상우: 쇼핑을 해요. 안나 씨도 오늘 쇼핑을 해요?

안나: 아니요. 저는 오늘 쇼핑 안 해요.

　　　상우 씨는 어디에서 쇼핑을 해요?

상우: 집 근처 백화점에서 쇼핑을 해요.

안나: 그 백화점은 사람이 많아요?

상우: 아니요, 많지 않아요.

〈例〉	쇼핑	백화점	사람이 많다	많지 않다
(1)	산책	공원	크다	크지 않다
(2)				

리쿠: 그 청바지하고 원피스는 어때요?

하나: 청바지는 조금 길어요. 그리고 원피스는 너무 작아요.

리쿠: 그럼 저 반바지는 어때요?

하나: 아주 예뻐요.

리쿠: 반바지도 작아요?

하나: 아니요, 안 작아요. 반바지는 값도 싸요.
19,800원이에요.

〈例〉	조금 길다	작다	아주 예쁘다	19,800원
(1)	좀 짧다	크다	디자인이 멋있다	7,500원
(2)				

1. 次の会話を読んで問いに答えなさい。

> 손님 : 이 청바지는 얼마예요?
> 점원 : 56,000원이에요.
> 손님 : 바지가 정말 예뻐요.
> 점원 : 요즘 그 바지가 아주 인기가 많아요.
> 손님 : 그래요? 바지가 조금 길지 않아요?
> 점원 : 아니요, 안 길어요. 아주 멋있어요.
>
>
>
> *손님 : 客　*점원 : 店員　*요즘 : 最近　*인기가 많다 : 人気が高い

(1) 上記の内容と一致するものを選びなさい。

　① 여기는 옷 가게입니다. 　　　　　② 손님은 반바지를 삽니다.

　③ 바지는 많이 짧습니다. 　　　　　④ 청바지는 인기가 없습니다.

(2) 청바지는 얼마입니까? （値段をハングルで書きなさい。）

_____

2. 次を読んで内容に一致すれば○、間違っていれば×を書きなさい。

> 안녕하세요? 저는 리쿠예요.
> 우리 집 앞에는 가게가 하나 있어요.
> 그 가게에서는 고기와 채소, 과일, 그리고 빵을 팔아요.
> 가게는 크지 않아요. 저는 매일 그 가게에 가요.
> 그 가게의 빵은 정말 맛있어요. 값도 비싸지 않아요.
> 과일과 채소는 아주 싸요. 그리고 신선해요.
> 고기는 조금 비싸요.

(1) 리쿠 씨 집 앞 가게는 아주 큽니다. 　　　　　(　　)

(2) 리쿠 씨는 집 앞 가게에 자주 갑니다. 　　　　　(　　)

(3) 리쿠 씨 집 앞 가게에서는 빵을 안 팝니다. 　　(　　)

(4) 리쿠 씨 집 앞 가게의 고기는 비싸지 않습니다. 　(　　)

1. 88ページの「リーディング」問2の文章を参照してあなたがよく行く店について書きなさい。

_____

_____

_____

_____

_____

듣기 リスニング

1. 次の会話を聞いて内容が正しければ○、間違っていれば×を書きなさい。 68

　　(1) 고기는 값이 싸요.　　(　　)　　　　(2) 꽃이 비싸지 않아요.　　(　　)

　　(3) 신발이 안 커요.　　(　　)　　　　(4) 의자가 많이 높아요.　　(　　)

2. 次の会話を聞いて問いに答えなさい。 69

　　(1) 会話の内容と一致するものを選びなさい。

　　① 수박은 아주 맛있습니다.　　　② 사과는 싸지 않습니다.

　　③ 두 사람은 과일 가게에 있습니다.　　④ 남자는 수박을 자주 먹습니다.

　　(2) 사과 두 개는 얼마예요?

　　① 4,000원　　　② 5,000원　　　③ 10,000원　　　④ 30,000원

제 취미는 사진 찍기예요.

私の趣味は写真を撮ることです。

취미 趣味
70

게임을 하다 ゲームをする	**그림을 그리다** 絵を描く	**기타를 치다** ギターを弾く	**노래를 부르다** 歌を歌う
게임 하기 ゲームをすること	**그림 그리기** 絵を描くこと	**기타 치기** ギターを弾くこと	**노래 부르기** 歌を歌うこと

드라마를 보다 ドラマを見る	**사진을 찍다** 写真を撮る	**음악을 듣다** 音楽を聴く	**책을 읽다** 本を読む
드라마 보기 ドラマを見ること	**사진 찍기** 写真を撮ること	**음악 듣기** 音楽を聴くこと	**책 읽기** 本を読むこと

테니스를 치다 テニスをする	**스키를 타다** スキーをする	**여행을 가다** 旅行に行く	**영화를 보다** 映画を見る
테니스 치기 テニスをすること	**스키 타기** スキーをすること	**여행 가기** 旅行に行くこと	**영화 보기** 映画を見ること

산책을 하다 散歩をする	**쇼핑을 하다** 買い物をする	**수영을 하다** 水泳をする	**요리를 하다** 料理をする
산책하기 散歩すること	**쇼핑하기** 買い物すること	**수영하기** 泳ぐこと	**요리하기** 料理すること

接続詞
71

그래서 だから	**그러나** しかし	**그렇지만** しかし	**하지만** しかし	**그런데** ところで	**그리고** そして

練習❶ 正しい組合せを選んで線を引きなさい。

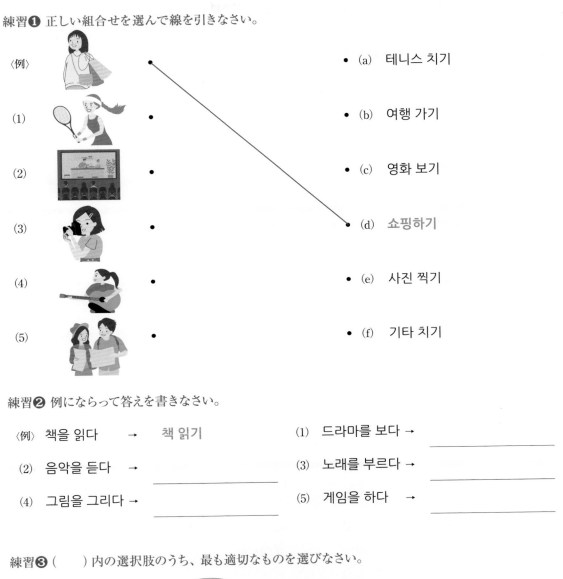

〈例〉　　　　　　　　　　　　　　• ────────────＿　　• (a)　테니스 치기

(1)　　　　　　　　　　　　　　•　　　　　　　　　　•　(b)　여행 가기

(2)　　　　　　　　　　　　　　•　　　　　　　　　　•　(c)　영화 보기

(3)　　　　　　　　　　　　　　•　　　　　　　　　　•　(d)　**쇼핑하기**

(4)　　　　　　　　　　　　　　•　　　　　　　　　　•　(e)　사진 찍기

(5)　　　　　　　　　　　　　　•　　　　　　　　　　•　(f)　기타 치기

練習❷ 例にならって答えを書きなさい。

〈例〉　책을 읽다　　→　　책 읽기　　　　(1)　드라마를 보다 → _____

(2)　음악을 듣다　　→ _____　　　(3)　노래를 부르다 → _____

(4)　그림을 그리다 → _____　　　(5)　게임을 하다　　→ _____

練習❸ (　　　) 内の選択肢のうち、最も適切なものを選びなさい。

〈例〉 주말에는 청소를 해요. ((그리고) / 그러나) 빨래도 해요.

(1)　리쿠 씨는 운동을 좋아해요. (그런데 / 그래서) 자주 운동을 해요.

(2)　이 넥타이는 비싸요. (하지만 / 그래서) 저 스카프는 싸요.

(3)　이 청바지, 정말 예뻐요. (그렇지만 / 그런데) 저 치마는 얼마예요?

(4)　오늘은 한국어를 공부해요. (그래서 / 그리고) 영어도 공부해요.

(5)　내일은 하나 씨와 약속이 있어요. (그래서 / 그렇지만) 하나 씨를 만나요.

文型1　「-고 싶다」は、動詞の語幹に付けて話者の希望や願望を表す。

- 한국에서 뭘 먹고 **싶어요**?　　　韓国で何が食べたいですか。
- 이번 연휴에 여행을 가고 **싶습니다**.　　今度の連休に旅行に行きたいです。
- 어느 나라에 살고 **싶습니까**?　　どこの国に住みたいですか。

〈例〉 커피를 마시다　　　→　**커피를 마시고 싶어요. / 커피를 마시고 싶습니다.**

(1) 한국어 책을 읽다　　→ _____

(2) 미국 드라마를 보다　→ _____

(3) 운동화를 사다(?)　　→ _____

文型2　動詞・形容詞が名詞を修飾する形を連体形という。ここでは動詞（現在形）の連体形について学習する。「-는」は動詞と存在詞「있다」、「없다」に付けて現在の動作や状態を表す。動詞の語幹末のパッチムが「ㄹ」の場合は「ㄹ」パッチムが脱落する。

- 좋아하**는** 한국 가수가 있습니까?　　好きな韓国の歌手がいますか。
- 저기 있**는** 사람이 누구예요?　　そこにいる人は誰ですか。
- 편의점에서 파**는** 빵은 안 좋아해요.　　コンビニで売っているパンは好きではありません。

〈例〉 먹다, 요리　　→　**먹는 요리**

(1) 부르다, 노래　→ _____　　(2) 다니다, 학교　→ _____

(3) 읽다, 책　　　→ _____　　(4) 살다, 곳　　→ _____

文型3　「ㄷ」変則とは語幹末のパッチムが「ㄷ」の場合、後ろに母音が続くと「ㄷ」パッチムが「ㄹ」に変わることをいう。しかし「닫다」、「받다」のように「ㄷ」が変わらないものもある。

- 공원을 걷다 → 공원을 걸어요. / 공원을 걷습니다.　　公園を歩きます。
- 길을 묻다　 → 길을 물어요. / 길을 묻습니다.　　道を尋ねます。
- 문을 닫다　 → 문을 닫아요. / 문을 닫습니다.　　ドアを閉めます。

〈例〉 시간을 묻다　　　→　**시간을 물어요. / 시간을 묻습니다.**

(1) 자주 이 길을 걷다　→ _____

(2) 한국 음악을 듣다　 → _____

(3) 꽃을 많이 받다　　 → _____

練習❶ 例にならって答えを書きなさい。

〈例〉

책을 읽는 사람

(1)

_____

(2)

_____

(3)

_____

練習❷ 例にならって答えを書きなさい。

〈例〉 Q: 연휴에 뭘 하고 싶어요?
　　　 A: (집에서 쉬다)　　　　　　　→ __집에서 쉬고 싶어요.__

(1) Q: 백화점에서 뭘 사고 싶어요?
　　　 A: (가방을 사다)　　　　　　　→ _____

(2) Q: 점심에 무엇을 먹고 싶습니까?
　　　 A: (한국 요리를 먹다)　　　　　→ _____

(3) Q: 주말에 뭐 하고 싶어요?
　　　 A: (공원에서 그림을 그리다)　　→ _____

練習❸ 次の文を韓国語に訳しなさい。

(1) たまに音楽を聴きます。

가	끔			을			요	.

(2) 妹が好きな歌手です。

		이					가	수		다	.

(3) ソウルでショッピングをしたいです。

서	울			쇼	핑					요	.

72 会話 **A**

하나: 상우 씨는 취미가 뭐예요?

상우: 저는 요리를 좋아해요.

그리고 여행하는 것도 좋아해요.

이번 연휴에 일본에 여행을 가고 싶어요.

하나 씨 취미는 뭐예요?

하나: 제 취미는 사진 찍기예요.

우리 학교에는 사진을 찍는 사람이 많아요.

〈例〉	여행하다	일본에 여행을 가다	사진 찍기	사진을 찍다
(1)	수영하다	바다에서 수영을 하다	그림 그리기	그림을 그리다
(2)				

마크: 안나 씨는 운동을 좋아해요?

안나: 네, 좋아해요. 제 취미는 테니스 치기예요.

그래서 자주 테니스를 쳐요.

마크 씨도 운동을 좋아해요?

마크: 아니요, 저는 운동을 안 좋아해요.

그런데 음악을 듣는 것은 좋아해요.

그래서 매일 음악을 들어요.

〈例〉	테니스 치기	테니스를 치다	음악을 듣다	매일 음악을 듣다
(1)	수영하기	수영을 하다	공원에서 걷다	가끔 공원을 걷다
(2)				

1. 次の会話を読んで内容に一致すれば○、間違っていれば×を書きなさい。

> 하나 : 안나 씨, 취미가 뭐예요?
>
> 안나 : 저는 드라마 보는 것을 좋아해요. 요즘은 매일 미국 드라마를 봐요.
>
> 하나 : 저도 드라마를 좋아해요. 안나 씨는 일본 드라마도 봐요?
>
> 안나 : 아니요. 그런데 일본 드라마도 보고 싶어요.
>
> 하나 : 그래요? 그럼 오늘 저녁에 같이 봐요.
>
> 안나 : 좋아요. 일곱 시에 만나요.

(1) 하나 씨는 드라마 보기를 좋아합니다.   (   )

(2) 두 사람은 오늘 아침 7시에 만납니다.   (   )

(3) 두 사람은 내일 같이 드라마를 봅니다.   (   )

(4) 안나 씨는 일본 드라마를 자주 봅니다.   (   )

2. 次を読んで問いに答えなさい。

> 이곳은 친구와 자주 오는 공원입니다.
>
> 이 공원은 아주 큽니다. 그리고 사람도 많습니다.
>
> 산책하는 사람, 책을 읽는 사람, 기타를 치는 사람도 있습니다.
>
> 여기는 나무와 꽃이 정말 많습니다.
>
> 저는 이 공원에서 꽃 그림을 그리는 것을 좋아합니다.
>
> 그리고 가끔 공원에서 친구와 테니스도 칩니다.
>
> 저는 내일도 친구와 함께 공원에 옵니다.
>
> 그러나 내일은 테니스를 치지 않습니다.
>
> 친구와 같이 그림을 그립니다.

(1) 이 사람은 내일 공원에서 무엇을 합니까?

_____

(2) 上記の内容と一致しないものを選びなさい。

① 공원은 작지 않습니다.   ② 이 사람은 공원에 자주 옵니다.

③ 공원에는 나무가 많이 있습니다.   ④ 이 사람은 내일 테니스를 칩니다.

1. 自分の趣味について書きなさい。

_____

_____

_____

_____

_____

1. 会話を聞いて女性の趣味にイラストが一致すれば○、間違っていれば×を書きなさい。
74

(1) (　) (2) (　) (3) (　) (4) (　)

2. 次の会話を聞いて問いに答えなさい。
75

(1) 남자의 취미는 무엇입니까?

_____

(2) 会話の内容と一致するものを選びなさい。

① 남자는 자주 공원에 가요.　　② 남자는 매일 산책을 해요.

③ 여자는 게임을 안 좋아해요.　　④ 두 사람은 오늘 게임을 해요.

지난 주말에 뭐 했어요?

先週末、何をしましたか。

날짜 日付

어제	오늘	내일	모레	매일
昨日	今日	明日	明後日	毎日
지난주	이번 주	다음 주		매주
先週	今週	来週		毎週
지난달	이번 달	다음 달		매달
先月	今月	来月		毎月
작년	올해	내년		매년
去年	今年	来年		毎年

생일이 몇 월 며칠이에요? 誕生日は何月何日ですか。

일월	이월	삼월	사월	오월	유월
1月	2月	3月	4月	5月	6月
칠월	팔월	구월	시월	십일월	십이월
7月	8月	9月	10月	11月	12月

Tip 〈例〉 6월 6일 **유월 육 일**　　10월 10일 **시월 십 일**

副詞②

가장	꼭	다	다시	더	또
最も	必ず	全て	再び	もっと	また
아까	아직	일찍	제일	잘	진짜
さっき 先ほど	まだ	早く	一番	よく	本当に
매우	무척	빨리	잠깐	이따가	먼저
とても 非常に	とても 大変	早く 速く	ちょっとの間 しばらく	あとで	まず 先に

練習❶ 次の表を完成させなさい。

(1)	지난주		다음 주
(2)		이번 달	
(3)	작년		내년
(4)		오늘	

練習❷ 例にならって次の日付を韓国語に書き直しなさい。

〈例〉2024年 12月 10日

→ 이천이십사 년 십이월 십 일

(1) 2025年 6月 16日

→ _____

(2) 2026年 10月 9日

→ _____

(3) 2027年 8月 31日

→ _____

練習❸ 例にならって次のうち意味が最も類似しているものを選んで書きなさい。

잘	또	빨리	조금	제일	진짜	많이

〈例〉정말 → 진짜

(1) 좀 → _____

(2) 일찍 → _____

(3) 가장 → _____

(4) 다시 → _____

練習❹ 次の問いに対して韓国語で答えなさい。

(1) 오늘이 몇 월 며칠이에요?

_____

(2) 생일이 언제예요?

_____

文型1　「-고」は、2つ以上の行為や状態、出来事を並べるときに用いる。

- 여동생은 과자를 만들**고** 남동생은 게임을 해요.　妹はお菓子を作って弟はゲームをします。
- 이 가방은 싸**고** 예뻐요.　　　　　　　　　　　この鞄は安くてかわいいです。

〈例〉비싸다 / 맛없다　　→　　**비싸고 맛없다**

(1) 듣다 / 읽다　　→ ＿＿＿＿＿＿＿　　(2) 신선하다 / 싸다　→ ＿＿＿＿＿＿＿

(3) 크다 / 높다　　→ ＿＿＿＿＿＿＿　　(4) 팔다 / 사다　　→ ＿＿＿＿＿＿＿

文型2　「-았/었/였-」は、過去のことを表すときに用いる。

- 지난 주말에 뭐 **했**어요?　　　　　　　　・ 친구 생일 선물을 **샀**어요.
  先週末、何をしましたか。　　　　　　　　　友達の誕生日プレゼントを買いました。

- 아까 무엇을 먹**었**습니까?　　　　　　　・ 케이크를 먹고 커피도 마**셨**습니다.
  先ほど何を食べましたか。　　　　　　　　　ケーキを食べてコーヒーも飲みました。

- 작년까지 학생이**었**습니다.　　　　　　　・ 두 사람은 친구**였**습니다.
  去年までは学生でした。　　　　　　　　　　二人は友達でした。

＊次の表を完成させなさい。

基本形	-아/어/여요	-았/었/였어요	-았/었/였습니다.	-았/었/였습니까?
읽다	읽어요	읽었어요	읽었습니다.	읽었습니까?
공부하다				
예쁘다				
좋다				

文型3　「-지만」は、先行文の内容と相反することを表すときに用いる。

- 주말에는 많이 바쁘**지만** 평일은 한가해요.
  週末にはとても忙しいですが、平日は暇です。

- 바지는 자주 입**지만** 원피스는 가끔 입어요.
  ズボンはよく履きますが、ワンピースはたまに着ます。

- 어제 사과는 샀**지만** 수박은 안 샀어요.
  昨日リンゴは買いましたが、スイカは買いませんでした。

〈例〉평일은 학교에 가다 /　→　**평일은 학교에 가지만 주말은 학교에 안 가요.**
　　　주말은 학교에 안 가다

(1) 이 가방은 싸다 /　　→ ＿＿＿＿＿＿＿＿＿＿＿＿＿
　　 저 가방은 비싸다

(2) 아까 밥을 먹었다 /　　→ ＿＿＿＿＿＿＿＿＿＿＿＿＿
　　 아직 배가 고프다

練習❶ (   ) 内の選択肢のうち、最も適切なものを選びなさい。

〈例〉 매주 수영을 ((하고) / 하지만) 산책도 해요.

　　　매주 수영을 (하고 / (하지만)) 등산은 안 해요.

(1) 이 드라마는 (재미있고 / 재미있지만) 저 드라마는 재미없어요.

(2) 저는 밥을 (먹고 / 먹지만) 형도 밥을 먹어요.

(3) 다음 주에 고향에 (가고 / 가지만) 고향 친구는 안 만나요.

(4) 매달 편지를 (보내고 / 보내지만) 선물도 보내요.

(5) 매년 여행을 (갔고 / 갔지만) 올해는 안 가요.

練習❷ 例にならって文を書き直しなさい。

〈例1〉책을 읽어요.　→　책을 읽**었**어요.　〈例2〉영화를 봅니다.　→　영화를 **봤**습니다.

(1) 그림을 그려요.　→　_____

(2) 재미있어요.　→　_____

(3) 수영을 합니다.　→　_____

(4) 제일 예뻐요.　→　_____

(5) 편지를 씁니다.　→　_____

(6) 진짜 쌉니다.　→　_____

(7) 매주 공부해요.　→　_____

(8) 가장 높아요.　→　_____

(9) 잠깐 만나요.　→　_____

(10) 또 옵니다.　→　_____

練習❸ 次の文を韓国語に訳しなさい。

(1) 頭も痛くてお腹も痛いです。

머	리	도	▨			▨	배		▨			요	.

(2) 先月韓国に来ましたか。

			에	▨	한	국		▨				까	?

(3) その服はかわいかったですが、とても高かったです。

	▨	옷		▨					▨	너	무		▨			요	.

会話 **A**

수진: 마크 씨, 어제 뭐 했어요?

마크: 카페에서 빵을 먹고 커피도 마셨어요.

빵은 맛있었지만 조금 비쌌어요.

수진 씨는 뭐 했어요?

수진: 저는 등산을 했어요.

힘들었지만 재미있었어요.

마크: 다음 주에 저도 등산을 하고 싶어요.

〈例〉	카페에서 빵을 먹다/ 커피도 마시다	빵은 맛있었다/ 조금 비쌌다	등산을 하다	힘들었다/ 재미있었다
(1)	공원에서 책을 읽다/ 음악을 듣다	공원은 작았다/ 사람이 많았다	신발을 사다	비쌌다/ 예뻤다
(2)				

리쿠: 안나 씨, 지난 주말에 뭐 했어요?

안나: 백화점에 갔어요.

　　 하나 씨 생일 선물을 사고 제 옷도 샀어요.

리쿠: 그래요? 하나 씨 생일이에요?

안나: 네, 내일이 하나 씨 생일이에요.

　　 리쿠 씨는 생일이 언제예요?

리쿠: 제 생일은 3월 16일이에요.

〈例〉	백화점에 가다	선물을 사다	제 옷도 사다	3월 16일
(1)	요리하다	케이크를 만들다	과자도 만들다	10월 10일
(2)				

1. 次の会話を読んで問いに答えなさい。

> 하나 : 상우 씨, 오늘 아르바이트는 5시부터 아니었어요?
>
> 상우 : 네. 조금 일찍 왔어요. 가게는 많이 바빴어요?
>
> 하나 : 아니요. 바쁘지 않았어요. 오늘은 손님도 적고 진짜 한가했어요.
>
> 상우 : 그래요? 어제는 손님이 많았어요?
>
> 하나 : 네, 어제는 무척 (㉠).

(1) ㉠に入る最も適切なものを選びなさい。

 ① 적었어요　　　　② 바빴어요　　　　③ 안 바빴어요　　　　④ 한가했어요

(2) 上記の会話と一致しないものを選びなさい。

 ① 오늘 가게는 정말 한가했어요.　　② 상우 씨는 오늘 가게에 빨리 왔어요.

 ③ 오늘은 손님이 많지 않았어요.　　④ 하나 씨는 오늘 아르바이트를 안 해요.

2. 次を読んで問いに答えなさい。

> 수진 씨와 리쿠 씨, 그리고 저는 같이 아르바이트를 하는 친구입니다.
>
> 어제는 수진 씨의 생일이었습니다.
>
> 저는 꽃을 선물했고 리쿠 씨는 가방을 선물했습니다.
>
> 수진 씨가 ㉠ 아주 기뻐했습니다.
>
> 우리는 점심을 먹고 카페에도 갔습니다.
>
> 그런데 수진 씨는 가족과 저녁 약속이 있었습니다.
>
> 저는 더 놀고 싶었지만 일찍 집에 왔습니다.
>
> 　　　　　　　　*선물하다 : プレゼントする　*기뻐하다 : 喜ぶ　*놀다 : 遊ぶ

(1) ㉠と意味が異なるものを選びなさい。

 ① 매우　　　　　② 잠깐　　　　　③ 무척　　　　　④ 정말

(2) 上記の内容と一致しないものを選びなさい。

 ① 이 사람은 꽃을 선물했어요.　　② 세 사람은 같이 밥을 먹었어요.

 ③ 수진 씨는 선물을 받았어요.　　④ 리쿠 씨는 아르바이트를 안 해요.

1. 昨日の出来事について書きなさい。

_____

_____

_____

_____

_____

듣기 リスニング

1. 次を聞いて該当する日付の番号を書きなさい。 🎧
81

① 2월 3일   ② 6월 6일   ③ 10월 1일

④ 8월 10일   ⑤ 4월 29일   ⑥ 5월 7일

〈例〉 (①)   (1) (   )   (2) (   )   (3) (   )   (4) (   )

2. 次の会話を聞いて問いに答えなさい。 🎧
82

(1) 두 사람은 어디에서 만납니까?

① 식당   ② 학교   ③ 편의점   ④ 영화관

(2) 会話の内容と一致するものを選びなさい。

① 두 사람은 오늘 영화를 봐요.   ② 두 사람은 어제 같이 영화를 봤어요.

③ 두 사람은 내일 같이 밥을 먹어요.   ④ 남자는 영화관에서 아르바이트했어요.

第14課 매운 음식을 좋아해요?

辛い食べ物は好きですか。

形容詞②

가깝다 ⟷ 멀다	넓다 ⟷ 좁다	어렵다 ⟷ 쉽다
近い　　遠い	広い　　狭い	難しい　易しい

복잡하다 ⟷ 간단하다	더럽다 ⟷ 깨끗하다	뜨겁다 ⟷ 차갑다
複雑だ　　簡単だ	汚い　　きれいだ, 清潔だ	熱い　　冷たい

맛 味

짜다	달다	맵다	시다	싱겁다	쓰다
しょっぱい	甘い	辛い	酸っぱい	(味が)うすい	苦い

음식 食べ物

갈비	김치찌개	된장찌개	순두부찌개
カルビ	キムチチゲ	味噌チゲ	純豆腐チゲ
불고기	떡볶이	자장면/짜장면	미역국
プルコギ	トッポギ	ジャージャー麺	わかめスープ
삼계탕	냉면	라면	비빔밥
参鶏湯	冷麺	ラーメン	ビビンバ

趣向や意向を尋ねるときに使う表現

어떤 / 무슨 + 名詞

〈例〉Q : 어떤 음식을 좋아해요?　　どんな料理が好きですか。
　　　무슨 음식을 좋아해요?

　　　A : 냉면을 좋아해요.　　冷麺が好きです。

練習❶ 正しい組合せを選んで線を引きなさい。

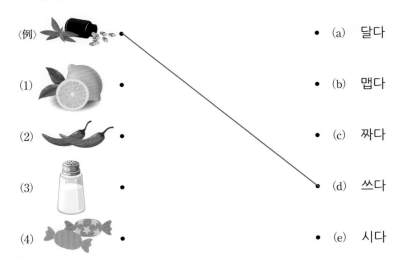

練習❷ 例のように反対の意味を持つ言葉どうしで結びなさい。

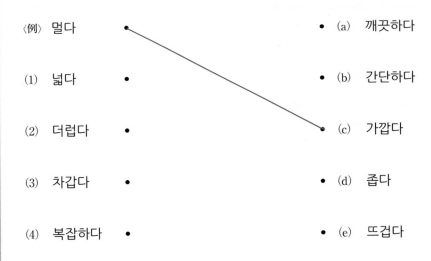

練習❸ 次の問いに韓国語で答えなさい。

Q: 어떤 음식을 좋아합니까?

A: _____

1 「ㅂ」変則とは、語幹末のパッチムが「ㅂ」の場合、後ろに「-아/어」が続くと「ㅂ」パッチムが「우」に変わることをいう。しかし「돕다 (助ける)」と「곱다 (きれいだ)」の場合は「오」に変わる。
また、「ㅂ」パッチムの後ろに「-으」が続くと「ㅂ」パッチムが「우」に変化する。
ただし、「입다 (着る)」、「좁다 (狭い)」のように「ㅂ」が変わらないものもある。

- 경치가 아름답다 → 경치가 아름다**워**요./경치가 아름답습니다. 景色が美しいです。
- 친구를 돕다 → 친구를 도**와**요./친구를 돕습니다. 友達を助けます。
- 옷을 입다 → 옷을 입어요./옷을 입습니다. 服を着ます。

＊次の表を完成させなさい。

基本形	-(스)ㅂ니다	-아/어요	-았/었어요	-았/었습니다
쉽다	쉽습니다.	쉬워요	쉬웠어요	쉬웠습니다.
가깝다				
어렵다				
더럽다				
좁다				

2 「-(으)ㄴ」は形容詞 (現在形) が名詞を修飾するときに用いる。形容詞の語幹末にパッチムがある場合は「-은」、パッチムがない場合は「ㄴ」パッチムが付く。
ただし、「-있다」、「-없다」が付く形容詞の場合は「는」が付く。なお、形容詞の語幹末のパッチムが「ㄹ」の場合は「ㄹ」が脱落する。

- **좁은 방** 狭い部屋 ・**쓴 약** 苦い薬 ・**재미있는 영화** 面白い映画
- **가까운 식당을 예약했어요.** 近いレストランを予約しました。
- **역에서 먼 호텔에 묵어요.** 駅から遠いホテルに泊まっています。

〈例〉 맛없다, 빵 → **맛없는 빵**

(1) 좋다, 사람 → _____

(2) 짜다, 음식 → _____

(3) 길다, 머리 → _____

(4) 뜨겁다, 물 → _____

(5) 맛있다, 비빔밥 → _____

(6) 깨끗하다, 신발 → _____

(7) 간단하다, 게임 → _____

(8) 재미없다, 드라마 → _____

練習❶ 例にならって答えを書きなさい。

〈例〉 한국어 공부는 어때요? (너무 쉽다)　　→　　　**너무 쉬워요.**

(1) 삼계탕 맛이 어때요? (좀 싱겁다)　　→　_____

(2) 학교에서 멀어요?　(아주 가깝다)　　→　_____

(3) 경치가 어때요? (정말 아름답다)　　→　_____

(4) 이 호텔은 어때요? (조금 좁다)　　→　_____

練習❷ 例にならって答えを書きなさい。

〈例〉 어떤 음식을 좋아해요? (맵다)　　→　　　**매운 음식을 좋아해요.**

(1) 어떤 방이 좋아요? (넓다)　　→　_____

(2) 무슨 약을 먹어요? (쓰다)　　→　_____

(3) 어떤 음식을 먹고 싶어요? (맛있다)　　→　_____

(4) 어떤 커피를 좋아해요? (달다)　　→　_____

練習❸ 次の文を韓国語に訳しなさい。

(1) 料理があまりにも辛いです。

요	리		너	무			요	.

(2) 面白い映画を見ます。

					영	화			요	.

(3) 汚い部屋を掃除しました。

				방	을		청	소			다	.

会話 **A**

상우: 안나 씨는 매운 음식을 좋아해요?

안나: 아니요, 저는 매운 음식은 안 좋아해요.

상우: 그럼 어떤 음식을 좋아해요?

안나: 저는 단 음식을 좋아해요.

그래서 케이크를 자주 먹어요.

상우 씨는 무슨 음식을 좋아해요?

상우: 저는 맵고 짠 음식을 좋아해요.

〈例〉	맵다	달다	케이크	맵다/짜다
(1)	싱겁다	짜다	된장찌개	달다/맵다
(2)				

하나: 마크 씨, 이번 주말 호텔은 예약했어요?

마크: 아니요. 아직 안 했어요.

　　　하나 씨는 어떤 호텔이 좋아요?

하나: 저는 역에서 가깝고 싼 호텔이 좋아요.

마크: 그럼 이 호텔은 어때요?

하나: 싸지만 방이 너무 더러워요.

　　　저는 깨끗한 호텔에 묵고 싶어요.

〈例〉	역에서 가깝다	싸다	방이 너무 더럽다	깨끗하다
(1)	방이 넓다	깨끗하다	바다에서 조금 멀다	바다에서 가깝다
(2)				

1. 次の会話を読んで内容に一致すれば○、間違っていれば×を書きなさい。

> 마크 : 방학에 여행을 가고 싶어요.
>
> 하나 : 저도 같이 가고 싶어요. 마크 씨는 어떤 곳에 가고 싶어요?
>
> 마크 : 경치가 아름다운 곳에 가고 싶어요.
>
> 하나 : 남이섬은 어때요? 경치도 아름답고 서울에서 가까워요.
>
> 마크 : 남이섬도 좋지만 저는 조금 더 먼 곳에 가고 싶어요.
>
> 하나 : 그래요? 그럼 제주도에 가요.
>
> 　　　　제주도는 서울에서 멀지만 경치가 정말 아름다워요.
>
> *방학 : (学校の) 長期休暇　*남이섬 : 南怡島 (地名)　*제주도 : 済州島 (地名)

(1) 두 사람은 방학에 여행을 가고 싶어요.　　　　　　(　　)

(2) 남이섬은 서울에서 아주 멀어요.　　　　　　　　(　　)

(3) 제주도는 서울에서 가깝고 경치도 아름다워요.　　(　　)

2. 次を読んで問いに答えなさい。

> 제 이름은 하나입니다. 저는 요리하는 것을 좋아합니다.
>
> 그래서 친구들과 자주 요리를 합니다.
>
> 저는 매운 음식을 좋아하지 않습니다. 그리고 짠 음식도 싫어합니다.
>
> 그러나 수진 씨는 짜고 매운 음식을 잘 먹습니다.
>
> 오늘은 수진 씨가 불고기를 만들고, 저는 순두부찌개를 만들었습니다.
>
> 순두부찌개는 싱거웠습니다.
>
> 불고기는 조금 짰지만 맛있었습니다.
>
> 수진 씨와 저는 순두부찌개와 불고기를 맛있게 먹었습니다.
>
> 친구와 같이 한국 요리를 또 만들고 싶습니다.
>
> *들 : ～たち　*싫어하다 : 嫌いだ　*맛있게 : 美味しく

(1) 하나 씨는 무엇을 만들었습니까?

_____

(2) 上記の内容と一致しないものを選びなさい。

① 하나 씨는 자주 요리를 해요.　　　　② 불고기는 짰지만 맛있었어요.

③ 수진 씨는 싱거운 음식을 좋아해요.　　④ 하나 씨는 매운 음식을 싫어해요.

1. 好きな料理とその味について書きなさい。

_____

_____

_____

_____

_____

1. 女性はどんな味が好きですか。会話を聞いて適切な番号を選びなさい。 89

① 단 맛　　　　② 짠 맛　　　　③ 매운 맛　　　　④ 싱거운 맛　　　　⑤ 쓴 맛

(1) (　　)　　　　(2) (　　)　　　　(3) (　　)　　　　(4) (　　)

2. 次の会話を聞いて問いに答えなさい。 90

(1) 남자는 오늘 무엇을 먹었습니까?

① 삼계탕　　　　② 떡볶이　　　　③ 비빔밥　　　　④ 불고기

(2) 会話の内容と一致するものを選びなさい。

① 여자는 불고기를 싫어해요.

② 남자는 한국 음식을 좋아해요.

③ 남자는 매운 음식을 안 좋아해요.

④ 여자는 매운 한국 음식을 자주 먹어요.

第15課 이번 주는 정말 춥네요.

今週はとても寒いですね。

계절 季節
91

봄
春

여름
夏

가을
秋

겨울
冬

날씨 天候
92

따뜻하다	덥다	시원하다	쌀쌀하다
暖かい	暑い	涼しい	肌寒い

춥다	맑다	흐리다	날씨가 좋다
寒い	晴れる	曇る	天気がいい

비가 내리다 / 오다
雨が降る

눈이 내리다 / 오다
雪が降る

꽃이 피다	단풍이 들다	바람이 불다	태풍이 오다
花が咲く	紅葉する	風が吹く	台風が来る

병 病気
93

감기에 걸리다	기침이 나다	배탈이 나다
風邪をひく	咳が出る	お腹をこわす

열이 나다 / 내리다	다치다	병에 걸리다
熱が出る/下がる	怪我をする	病気にかかる

입원하다	퇴원하다	약을 먹다
入院する	退院する	薬を飲む

주사를 맞다	병문안을 가다 / 오다
注射を打つ	お見舞いに行く/来る

練習❶ 次の語群の中から適切なものを選んで書きなさい。

내리다	피다	맞다	들다
나다	불다	먹다	걸리다

〈例〉 배탈이 **나다**

(1) 꽃이 _____

(2) 비가 _____

(3) 단풍이 _____

(4) 약을 _____

(5) 주사를 _____

(6) 병에 _____

練習❷ 正しい組合せを選んで線を引きなさい。

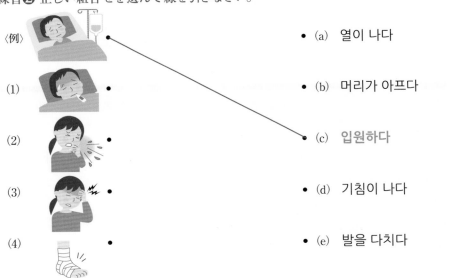

〈例〉

(1)

(2)

(3)

(4)

- (a) 열이 나다

- (b) 머리가 아프다

- (c) **입원하다**

- (d) 기침이 나다

- (e) 발을 다치다

練習❸ 例にならって答えを書きなさい。

〈例〉 따뜻하다 / 봄　　→　　**따뜻한 봄**

(1) 덥다 / 여름　　→　_____

(2) 시원하다 / 바람　→　_____

(3) 쌀쌀하다 / 가을　→　_____

(4) 흐리다 / 날씨　　→　_____

(5) 춥다 / 겨울　　→　_____

(6) 따뜻하다 / 계절　→　_____

文型

「-아/어서」は、後続の文の原因や理由を表す。動詞・形容詞は語幹末の母音が「ㅏ」、「ㅗ」の場合は「-아서」、それ以外の場合は「-어서」が付く。「-하다」は「-해서」の形で用いられる。名詞は最後の音節にパッチムがある場合は「-이라서(이어서)」、パッチムがない場合は「-라서(여서)」を用いる。ただし、原因や理由を表す「-아/어서」の後続の文には勧誘文と命令文は使えない。なお、時制は後続文でのみ表すことができる。

- 배탈이 나**서** 약을 먹었어요.　　　　お腹をこわしたので薬を飲みました。
- 날씨가 추**워서** 감기에 걸렸어요.　　　寒くて風邪を引きました。
- 바람이 쌀쌀**해서** 코트를 입었어요.　　風が冷たいのでコートを着ました。
- 요즘 장마**라서** 비가 많이 와요.　　　最近梅雨なので雨がたくさん降ります。

＊次の表を完成させなさい。

基本形	-아/어서	基本形	-아/어서
맑다	맑아서	입원하다	
열이 나다		듣다	
단풍이 들다		어렵다	
다치다		배우다	

「-네요」は、話し手が経験したことや新しく知ったことに対して感嘆したり驚いたりした時に用いる語尾である。動詞・形容詞は語幹に「-네요」が付くが、語幹末のパッチムが「ㄹ」の場合は「ㄹ」パッチムが脱落する。
名詞は最後の音節にパッチムがある場合は「-이네요」、パッチムがない場合は「-네요」を用いる。

- 김치가 아주 맵**네요**.　　　　　　　キムチがとても辛いですね。
- 마크 씨는 노래를 정말 잘하**네요**.　　マークさんは歌が本当に上手ですね。
- 이 가게는 한국 라면도 파**네요**.　　　この店は韓国のラーメンも売っているんですね。
- 여름 방학**이네요**.　　　　　　　　　夏休みですね。
- 좋은 날씨**네요**.　　　　　　　　　　良い天気ですね。

＊次の表を完成させなさい。

基本形	-네요	名詞	-(이)네요
흐리다	흐리네요	장마	
덥다		봄	
비가 내리다		감기	
바람이 불다		태풍	
약을 먹다		겨울	

練習❶ 例にならって文を完成させなさい。

〈例〉 병에 걸리다 / 입원했다　　　　　　→　　　병에 걸려서 입원했어요.

(1) 어제는 열이 나다 / 약을 먹었다　　　→ _____

(2) 여름 방학이다 / 여행을 가다　　　　→ _____

(3) 태풍이 오다 / 비가 많이 내리다　　　→ _____

(4) 김치가 맵다 / 물을 마셨다　　　　　→ _____

練習❷ 例にならって文を完成させなさい。

〈例〉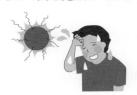

날씨가 덥네요.

(1)

_____

(2)

_____

(3)

_____

練習❸ 次の文を韓国語に訳しなさい。

(1) 今日は天気が良いですね。

오	늘				가			요	.

(2) 風邪を引いたので注射を打ちました。

감	기	에				주	사				요	.

(3) あまりにも暑いので海に行きました。

너	무					바	다				다	.

会話 **A**

리쿠: 안나 씨, 오늘 서울 날씨는 어때요?

안나: 여기는 지금 눈이 내리고 많이 추워요.

　　　도쿄도 눈이 내려요?

리쿠: 아니요, 도쿄는 바람이 불어서 쌀쌀하네요.

　　　그런데 안나 씨는 서울에 자주 가요?

안나: 네, 저는 한국 음식을 좋아해서 자주 와요.

리쿠: 저도 서울에 가고 싶어요.

〈例〉	눈이 내리다	많이 춥다	바람이 불다/ 쌀쌀하다	한국 음식
(1)	날씨가 맑다	따뜻하다	태풍이 오다/ 비가 많이 내리다	한국 가수
(2)				

마크: 이번 주는 정말 춥네요.

하나: 저는 너무 추워서 감기에 걸렸어요.

머리가 아프고 열도 조금 나요.

마크: 병원에는 갔어요?

하나: 아니요. 아직 안 갔어요.

마크: 저도 어제 밥을 너무 많이 먹어서 배탈이 났어요.

이따가 같이 병원에 가요.

〈例〉	머리가 아프다	열도 조금 나다	밥을 너무 많이 먹다	배탈이 났다
(1)	기침이 나다	목도 아프다	다리를 다치다	너무 아팠다
(2)				

1. 次の会話を読んで内容に一致すれば○、間違っていれば×を書きなさい。

> 리쿠 : 오늘은 날씨가 정말 좋네요.
>
> 수진 : 네, 어제는 비가 내렸지만 오늘은 맑아서 기분이 좋아요.
>
> 리쿠 : 바람이 시원해서 공원에서 운동을 하고 싶어요.
>
> 수진 : 리쿠 씨는 운동을 정말 좋아하네요.
>
> 리쿠 : 네. 집 앞에 큰 공원이 있어서 거기에서 자주 운동을 해요.
>
> 수진 : 저도 공원에서 그림을 그리고 싶어요.
>
>   이따가 같이 가요.
>
>   *기분 : 気分

(1) 어제는 날씨가 좋았습니다.   (   )

(2) 리쿠 씨는 운동하는 것을 좋아합니다.   (   )

(3) 오늘은 시원하고 비가 내립니다.   (   )

2. 次を読んで問いに答えなさい。

> 안나 씨는 지난주 수요일에 다리를 다쳤습니다.
>
> 그래서 목요일에 병원에 입원했습니다.
>
> 낮에는 다리가 너무 아파서 주사를 맞고 약도 먹었습니다.
>
> 밤에는 열이 많이 나고 머리도 아팠습니다.
>
> 하지만 금요일 아침부터는 열이 내리고 다리도 아프지 않았습니다.
>
> 토요일에는 상우 씨와 하나 씨가 병문안을 왔습니다.
>
> 친구들을 만나서 기분이 좋았습니다.
>
> 안나 씨는 다음 주 월요일에 퇴원합니다.
>
> 그리고 화요일부터 다시 학교에 갑니다.

(1) 안나 씨는 왜 입원했습니까?

_____

(2) 上記の内容と一致するものを選びなさい。

① 안나 씨는 머리를 다쳤습니다.   ② 안나 씨는 지난주에 입원했습니다.

③ 안나 씨는 화요일에 퇴원합니다.   ④ 안나 씨는 토요일에 병문안을 갔습니다.

1. 日本の四季について書きなさい。

_____

_____

_____

_____

_____

1. どの季節の特徴ですか。次を聞いて適切な番号を選びなさい。
96

① 봄　　　　　② 여름　　　　　③ 가을　　　　　④ 겨울

(1) (　　　)　　(2) (　　　)　　(3) (　　　)　　(4) (　　　)

2. 次の会話を聞いて問いに答えなさい。🎧
97

(1) 오늘 날씨는 어때요?

① 　　② 　　③ 　　④

(2) 会話の内容と一致しないものを選びなさい。

① 여자는 지금 조금 춥습니다.

② 여자는 따뜻한 날씨를 좋아합니다.

③ 남자는 날씨가 시원해서 기분이 좋습니다.

④ 남자는 우산이 있지만 여자는 없습니다.

様々な発音の規則

連音化

パッチム ＋「ㅇ」

〈例〉 한국어[한구거]　　발음[바름]

한국어 [한구거]　발음 [바름]

硬音化

パッチム		パッチム	
[ㄱ] [ㄷ] [ㅂ]	＋ ㄱ ㄷ ㅂ ㅅ ㅈ →	[ㄱ] [ㄷ] [ㅂ]	＋ ㄲ ㄸ ㅃ ㅆ ㅉ

〈例〉 학교[학꾜]　　식당[식땅]　　압박[압빡]　　학생[학쌩]　　숙제[숙쩨]

학교 [학꾜]　식당 [식땅]　압박 [압빡]

激音化

[ㄱ] [ㄷ] [ㅂ] ㅈ	＋ ㅎ	/	ㅎ ＋	[ㄱ] [ㄷ] [ㅂ] ㅈ →	ㅋ ㅌ ㅍ ㅊ

〈例〉 백화점[배콰점]　　많다[만타]　　입학[이팍]　　좋지[조치]

백화점 [배콰점]　많다 [만타]　입학 [이팍]

流音化

ㄴ ＋ ㄹ	→	ㄹ ＋ ㄹ	/	ㄹ ＋ ㄴ	→	ㄹ ＋ ㄹ

〈例〉 신라[실라]　　설날[설랄]

신라 [실라]　설날 [설랄]

鼻音化

[ㄱ]
[ㄷ]
[ㅂ]
  + ㄴ
     ㅁ
  → ㅇ
     ㄴ
     ㅁ
  + ㄴ
     ㅁ

〈例〉 학년[항년]   국민[궁민]   옛날[옌날]   낱말[난말]   입니다[임니다]   앞문[암문]

학년 [항년]   국민 [궁민]   옛날 [옌날]   입니다 [임니다]

ㅁ
ㅇ
  + ㄹ → ㅁ
            ㅇ
  + ㄴ

〈例〉 심리[심니]   정리[정니]

심리 [심니]   정리 [정니]

[ㄱ]
[ㄷ]
[ㅂ]
  + ㄹ → ㅇ
            ㄴ
            ㅁ
  + ㄴ

〈例〉 국립[궁닙]   몇 리[면니]   협력[혐녁]

국립 [궁닙]   협력 [혐녁]

口蓋音化

ㄷ
ㅌ
  + ㅣ → ㅈ
            ㅊ

〈例〉 굳이[구지]   같이[가치]

굳이 [구지]   같이 [가치]

第1課

아 어 오 우 으 이 애 에
練習2
(1) 어　(2) 우　(3) 애　(4) 오이
야 여 요 유 얘 예
練習2
(1) 요　(2) 야　(3) 예　(4) 우유
와 워 외 왜 웨 위 의
練習2
(1) 왜　(2) 워　(3) 위　(4) 와
総合練習
1.
아 야 어 여 오 요 우 유 으 이 애 얘 에
예 와 왜 외 워 웨 위 의
2.
아이 오 위 의의 오이 우유

第2課

練習3
(1) 가 카 까　(2) 고 코 꼬
(3) 다 타 따　(4) 두 투 뚜
(5) 바 파 빠　(6) 비 피 삐
(7) 사 싸　　(8) 새 쌔
(9) 자 차 짜　(10) 저 처 쩌
総合練習
1.
가 나 다 라 마 바 사 아 자 차 카 타 파 하
2.
바다 티셔츠 고기 오빠 포도 가위

第3課

練習1
(1) 밤　(2) 발　(3) 문
(4) 밖　(5) 낮　(6) 옷
総合練習
1.
닭 여덟 방 부엌 밥

第4課

1.
(1) 미용사입니다.
(2) 경찰관입니다.
(3) 기자입니다.
(4) 운동선수입니다.

2.
여자: 안녕하세요?
　　　저는 안나 스미스입니다.
　　　미국 사람입니다.
남자: 만나서 반가워요.
　　　제 이름은 박상우입니다.
여자: 상우 씨는 중국 사람입니까?
남자: 아니요, 한국 사람입니다.
　　　안나 씨는 학생입니까?
여자: 네, 학생입니다.
　　　상우 씨도 학생입니까?
남자: 아니요, 저는 미용사입니다.

第5課

1.
(1) 이분이 의사입니다.
(2) 그것은 책상입니다.
(3) 저것은 거울입니다.
(4) 이것이 침대입니다.
2.
여자 : 이것이 무엇입니까?
남자 : 제 방 사진입니다.
여자 : 이것은 무엇입니까?
남자 : 그것은 냉장고입니다.
여자 : 이것이 컴퓨터입니까?
남자 : 아니요, 컴퓨터가 아닙니다.
　　　 텔레비전입니다.

第6課

1.
(1) 여기가 은행이에요.
(2) 저기는 식당이 아니에요. 카페예요.
(3) 거기는 운동장이에요.
(4) 이곳은 서점이 아니에요. 회사예요.
2.
안녕하세요? 저는 리쿠예요.
저는 요리사예요.
우리 누나는 경찰관이에요.
형도 경찰관이에요.
제 남동생은 경찰관이 아니에요.
미용사예요.

第7課

1.
(1) 의자 3개와 책상 2개가 있습니다.
(2) 콜라 4병과 커피 1잔이 있어요.

(3) 책 5권과 안경 6개가 있어요.
(4) 남자 2명과 여자 3명이 있습니다.
2.
남자: 안나 씨는 형제가 있어요?
여자: 네, 언니하고 오빠가 있어요.
남자: 동생도 있어요?
여자: 아니요, 동생은 없어요.
　　　마크 씨는 형제가 있어요?
남자: 네. 형이 한 명 있어요.
　　　형은 스무 살이에요.
여자: 동생은 없어요?
남자: 네, 동생도 누나도 없어요.

第8課

1.
(1) 가방 안에 노트북이 있습니다.
(2) 편의점 오른쪽에 카페가 있습니다.
(3) 책상 아래에 공책이 있습니다.
(4) 미용실 뒤에 은행이 있습니다.
2.
남자: 여보세요?
　　　하나 씨, 지금 어디에 있어요?
여자: 백화점에 있어요.
남자: 백화점에서 뭐 해요?
여자: 언니하고 같이 쇼핑해요.
　　　마크 씨는 어디에 있어요?
남자: 저는 학교에 있어요.
여자: 학교에서 뭐 해요?
남자: 운동장에서 리쿠 씨하고
　　　운동해요.

第9課

1.
(1) 빵을 먹어요.
(2) 문을 닫아요.
(3) 의자에 앉아요.
(4) 커피를 마셔요.
2.
남자: 여보세요?
　　　하나 씨, 일요일에 뭐 해요?
여자: 도서관에서 영어를 공부해요.
남자: 토요일에도 도서관에 가요?
여자: 아니요, 토요일은 집에서 쉬어요.
　　　리쿠 씨는 주말에 뭐 해요?
남자: 저는 영화관에서 영화를 봐요.
　　　하나 씨도 같이 가요.
여자: 네~, 그럼 토요일에 같이 가요.

어디에서 만나요?
남자: 영화관 앞에서 만나요.

第10課

1.
〈例〉오전 아홉 시 반
(1) 오전 열한 시 이십 분
(2) 오후 네 시 사십오 분
(3) 오후 세 시
(4) 오전 일곱 시 삼십 분
2.
남자: 하나 씨, 오늘은 몇 시에 학교에 옵니까?
여자: 오전 열 시에 갑니다.
남자: 수업은 몇 시부터입니까?
여자: 오전 열 시 반부터 오후 두 시까지입니다. 리쿠 씨, 내일은 무엇을 합니까?
남자: 오전에는 공원에서 사진을 찍습니다.
그리고 오후에는 친구하고 백화점에서 쇼핑을 합니다.

第11課

1.
(1) 남자: 고기가 신선해요?
여자: 네, 아주 신선해요.
그리고 값도 싸요.
(2) 남자: 꽃이 비싸요?
여자: 아니요, 안 비싸요.
(3) 남자: 신발이 커요?
여자: 네, 조금 커요.
(4) 남자: 의자가 많이 높지 않아요?
여자: 아니요, 안 높아요.
2.
남자: 수박 있어요?
여자: 네, 있어요.
수박은 한 개 삼만 원이에요.
남자: 사과는 얼마예요?
여자: 다섯 개 만 원이에요.
사과가 싸요.
그리고 정말 맛있어요.
남자: 다섯 개는 너무 많아요.
두 개는 얼마예요?
여자: 네~. 사과 두 개는 오천 원입니다.

第12課

1.
(1) 남자: 취미가 뭐예요?
여자: 저는 노래 부르는 것을 좋아해요.
(2) 여자: 저는 영화 보기를 좋아해요.
남자: 저도 좋아해요.
(3) 여자: 저는 자주 운동을 해요.
남자: 저도 같이 하고 싶어요.
(4) 여자: 요즘 자주 음악을 들어요.
남자: 그래요? 저는 가끔 들어요.
2.
남자: 하나 씨, 취미가 뭐예요?
여자: 저는 산책하는 것을 좋아해요.
남자: 어디에서 산책을 해요?
여자: 집 근처 공원에서 산책해요.
리쿠 씨는 뭘 좋아해요?
남자: 제 취미는 게임 하기예요.
매일 게임을 해요.
여자: 그래요? 저도 게임을 하고 싶어요.
남자: 좋아요. 오늘 같이 해요.

第13課

1.
〈例〉오늘은 2월 3일이에요.
(1) 오늘은 10월 1일입니다.
(2) 한국어 수업은 4월 29일에 있어요.
(3) 제 생일은 8월 10일이에요.
(4) 오늘은 6월 7일이 아니에요.
6일이에요.
2.
남자: 하나 씨, 이 영화 봤어요?
여자: 네, 봤지만 재미없었어요.
남자: 그래요? 그럼 저 영화는 봤어요?
여자: 아니요, 아직 안 봤어요.
보고 싶어요.
남자: 저도 보고 싶었어요.
오늘 같이 봐요.
여자: 좋아요. 그럼 영화도 보고 밥도 같이 먹어요.
남자: 네, 그럼 이따가 3시에 학교 앞 편의점에서 만나요.

第14課

1.
(1) 남자: 무슨 음식을 좋아해요?

여자: 저는 쓴 커피를 좋아해요.
(2) 여자: 아주 매운 김치찌개를 먹고 싶어요.
남자: 저는 매운 음식을 안 좋아해요.
(3) 남자: 저는 라면을 좋아해요.
여자: 저는 짠 음식은 안 좋아해요, 싱거운 음식을 좋아해요.
(4) 남자: 그 케이크 좋아해요?
여자: 네. 이 케이크는 아주 달고 맛있어요. 그래서 자주 먹어요.
2.
여자: 리쿠 씨, 한국 음식 좋아해요?
남자: 네, 저는 한국 음식을 정말 좋아해요.
여자: 매운 음식도 좋아해요?
남자: 네, 매운 음식도 잘 먹어요.
오늘도 떡볶이를 먹었어요.
하나 씨도 매운 음식을 좋아해요?
여자: 아니요, 저는 매운 음식을 싫어해요.
하지만 안 매운 한국 음식은 자주 먹어요.
남자: 비빔밥은 어때요?
여자: 비빔밥은 조금 매워요. 저는 불고기와 삼계탕을 좋아해요.

第15課

1.
(1) 날씨가 너무 더워요.
장마라서 비가 많이 내려요.
(2) 단풍이 들어요.
그리고 날씨가 쌀쌀해요.
(3) 날씨가 춥고 눈이 내려요.
(4) 날씨가 따뜻하고 예쁜 꽃이 많이 펴요.
2.
남자: 오늘은 비가 많이 오네요.
여자: 네, 비가 와서 날씨가 좀 쌀쌀하네요. 그리고 바람도 많이 불어요.
남자: 바람이 불어서 시원해요.
저는 시원한 날씨를 좋아해요.
그래서 기분이 좋아요.
여자: 저는 따뜻한 날씨를 좋아해서 오늘은 좀 추워요.
남자: 아, 수진 씨, 우산 있어요?
저는 우산이 없어요.
여자: 네, 있어요. 저하고 같이 가요.
남자: 고마워요.

第1課　ハングル（母音）한글(모음)

p.4

練習2

(1) ① 어　(2) ② 우　(3) ② 애　(4) ② 오이

p.6

練習2

(1) ① 요　(2) ① 야　(3) ② 예　(4) ② 우유

p.8

練習2

(1) ② 왜　(2) ① 워　(3) ① 위　(4) ② 와

p.9

総合練習

練習2

아이	와	오	여우
여유	위	예	의의
오이	왜	이	우유

第2課　ハングル（子音）한글(자음)

p.15

総合練習

練習2

우표	바다	치마	티셔츠
고기	아빠	오빠	아저씨
포도	어깨	코트	드라마
돼지	가위	가게	카메라

練習3

(1) 과　(2) 아　(3) 지　(4) 유　(5) 기　(6) 다　(7) 자
(8) 개

p.16

練習4

(1)-(d)　(2)-(a)　(3)-(b)　(4)-(e)　(5)-(c)

練習5

(1) 배　(2) 다리　(3) 바지　(4) 지우개　(5) 치마
(6) 가위　(7) 카드　(8) 우표　(9) 모자　(10) 의자
(11) 카메라

p.17

練習6

과	드	라	자	바	②여	지	우	모	찌
사	마	과	회	다	④우	의	자	개	①어
시	계	나	사	무	버	유	지	가	깨
③아	부	다	부	짜	주	쓰	우	다	휴
저	코	리	기	⑤돼	지	⑥바	⑧여	자	게
씨	바	⑦구	두	라	디	지	구	오	두

練習7

(1) 다리　(2) 차　(3) 배

第3課　ハングル（パッチム）한글(받침)

p.19

練習1

(1) ② 밤　(2) ① 발　(3) ② 문　(4) ① 밖　(5) ① 낮
(6) ① 옷

p.20

総合練習

練習1

닭	밤	여덟	연필
돈	방	부엌	지갑
끝	밥	부산	남자

練習2

(1) ① 박　(2) ③ 짚　(3) ① 낫　(4) ② 삼　(5) ① 목
(6) ① 갑

p.21

練習3

(1)-(e)　(2)-(d)　(3)-(b)　(4)-(a)　(5)-(c)

練習4

(1) ㅁ, ㅄ　(2) ㅁ, ㄱ　(3) ㄹ, ㄴ　(4) ㄹ, ㅁ　(5) ㄴ, ㄴ

p.22

練習5

(1) 손　(2) 물, 컵　(3) 딸기　(4) 귤　(5) 밤　(6) 감
(7) 밥　(8) 발　(9) 무릎　(10) 연필　(11) 돈
(12) 남자　(13) 빵　(14) 컵　(15) 옷　(16) 지갑

(17) 문 (18) 부엌 (19) 산 (20) 꽃 (21) 수박
(22) 닭 (23) 눈

第4課 안녕하세요?

p.27
練習1

	나라	언어	사람
(1)	미국	영어	미국 사람, 미국인
(2)	한국	한국어	한국 사람
(3)	일본	일본어	일본 사람, 일본인
(4)	독일	독일어	독일 사람, 독일인
(5)	중국	중국어	중국인

練習2
(1) 의사 (2) 경찰관 (3) 학생 (4) 미용사 (5) 기자

練習3
(1)

| 처 | 음 | | 뵙 | 겠 | 습 | 니 | 다 | . |

(2)

| 안 | 녕 | 히 | | 계 | 세 | 요 | . |

(3)

| 안 | 녕 | ? |

p.28
文型1
(1) 요리사입니다. (2) 학생입니다. (3) 약사입니다.
(4) 미국인입니다.
(5) 기자입니까? (6) 경찰관입니까? (7) 회사원입니까?
(8) 가수입니까?

文型2
(1) 은 (2) 는 (3) 은 (4) 는

文型3
(1) 친구도 사업가입니다. (2) 학생도 미국인입니다.
(3) 하나 씨도 의사입니다. (4) 저도 회사원입니다.

p.29
練習1
(1) 아니요, 미용사입니다. (2) 네, 한국 사람입니다.
(3) 네, 은행원입니다. (4) 아니요, 공무원입니다.

練習2
(1) 저는 안나 스미스입니다. (2) 직업은 은행원입니다.
(3) 제 이름은 수잔입니다.

練習3
(1) 저는 스페인 사람입니다. 선생님도 스페인 사람입니다.
(2) 하나 씨는 간호사입니다. 민수 씨도 간호사입니다.
(3) 친구는 회사원입니다. 저도 회사원입니다.

練習4
(1)

| 저 | 는 | | 주 | 부 | 입 | 니 | 다 | . |

(2)

| 선 | 생 | 님 | 은 | | 영 | 국 | | 사 | 람 | 입 | 니 | 까 | ? |

(3)

| 제 | | 친 | 구 | 도 | | 일 | 본 | 인 | 입 | 니 | 다 | . |

p.32 リーディング
1. (1) 스페인 사람입니다. (2) ① ○ ② ×
2. ①

p.33 リスニング
1. (1) ○ (2) ○ (3) × (4) ×
2. (1) ④ (2) ①

第5課 이 사람이 누구입니까?

p.35
練習1
할머니,
아버지/아빠,
오빠, 여동생, 남동생,
형, 누나, 여동생

練習2
(1)-(b) (2)-(c) (3)-(d) (4)-(a)

練習3.
(1) 할아버지입니다. (2) 책상입니다. (3) 침대입니다.

p.36
文型1
(1) 가 (2) 이 (3) 이 (4) 가 (5) 이 (6) 이

文型2
(1) 가 아닙니다.　(2) 이 아닙니다.　(3) 학생이 아닙니다.
(4) 사진이 아닙니다.　(5) 아니요, 기자가 아닙니다.
(6) 아니요, 책이 아닙니다.

p.37
練習1
(1) 경찰관이 아닙니다. 간호사입니다.
(2) 냉장고가 아닙니다. 옷장입니다.
(3) 의자가 아닙니다. 침대입니다.

練習2
(1) 아니요, 약사가 아닙니다. 회사원입니다.
(2) 아니요, 텔레비전이 아닙니다. 컴퓨터입니다.
(3) 아니요, 귤이 아닙니다. 감입니다.

練習3
(1)

| 누 | 나 | 가 | | 공 | 무 | 원 | 입 | 니 | 까 | ? |

(언니)
(2)

| 한 | 국 | | 사 | 람 | 이 | | 아 | 닙 | 니 | 다 | . |

(3)

| 저 | 것 | 은 | | 세 | 탁 | 기 | 가 | | 아 | 닙 | 니 | 까 | ? |

p.40 リーディング
1. (1) 상우 가족 사진입니다.　(2) ②
2. (1) ②　(2) 경찰관입니다.

p.41 リスニング
1. (1) ×　(2) ○　(3) ×　(4) ○
2. (1) (남자 방) 사진　(2) ① ○ ② × ③ ×

第6課　**여기가 어디예요?**

p. 43
練習1
(1) 그게　(2) 이것이　(3) 이건
(4) 저곳　(5) 저것은　(6) 거기는

練習2
(1) 화장실　　(2) 식당이 아닙니다. 카페입니다.
(3) 공원입니다. (4) 도서관이 아닙니다. 서점입니다.

練習3
(1)

| 여 | 기 | 가 | | 어 | 디 | 입 | 니 | 까 | ? |

(2)

| 거 | 기 | 는 | | 시 | 장 | 입 | 니 | 다 | . |

(3)

| 저 | 건 | | 책 | 상 | 입 | 니 | 다 | . |

p. 44
文型1
(1) 공원이에요.　　(2) 언니예요.　　(3) 운동장이에요.
(4) 미용실이에요.　(5) 카페예요.　　(6) 어머니예요.
(7) 시장이에요?　　(8) 뭐예요?　　(9) 은행이에요?
(10) 백화점이에요?　(11) 할머니예요?　(12) 오빠예요?

文型2
(1) 아니요, 냉장고가 아니에요.
(2) 아니요, 회사가 아니에요.
(3) 아니요, 프랑스가 아니에요.
(4) 아니요, 책이 아니에요.
(5) 아니요, 운동장이 아니에요.
(6) 아니요, 컴퓨터가 아니에요.
(7) 아니요, 미국이 아니에요.
(8) 아니요, 책상이 아니에요.

p. 45
練習1
(1) 안나 씨는 가수가 아니에요.
(2) 직업은 은행원이에요?
(3) 저건 옷장이 아니에요?
(4) 제 이름은 수잔이에요.

練習2
(1) 텔레비전이 아니에요. 컴퓨터예요.
(2) 은행이 아니에요. 우체국이에요.
(3) 딸기가 아니에요. 토마토예요.

練習3
(1)

| 이 | 곳 | 은 | | 학 | 교 | 예 | 요 | ? |

(2)

| 저 | 는 | | 대 | 학 | 생 | 이 | 에 | 요 | . |

(3)

| 거 | 기 | 는 | | 화 | 장 | 실 | 이 | | 아 | 니 | 에 | 요 | . |

p. 48 リーディング

1. (1) 부산(이에요. / 입니다.)　(2) ①, ④
2. (1) 주부(예요. / 입니다.)
　　(2) 책상, 의자, 침대

p. 49 リスニング

1. (1) ○　(2) ○　(3) ×　(4) ×
2. (1) ②　(2) ④

第7課 **여동생이 두 명 있습니다.**

p. 51

練習1

하나	둘	셋	넷	다섯
여섯	일곱	여덟	아홉	열
열하나	열둘	열셋	열넷	열다섯
열여섯	열일곱	열여덟	열아홉	스물
스물하나	스물둘	스물셋	스물넷	스물다섯
스물여섯	스물일곱	스물여덟	스물아홉	서른

練習2

(1)-(a)　(2)-(b)　(3)-(e)　(4)-(g)　(5)-(d)　(6)-(f)

p. 52

文型1

(1) 과　(2) 과　(3) 와　(4) 와
(5) 과　(6) 와　(7) 과　(8) 과

文型2

(1) A1: 아니요, 없습니다.
　　A2: 네, 있습니다.
(2) A1: 네, 있습니다.
　　A2: 아니요, 없어요.
(3) A1: 아니요, 없어요.
　　A2: 네, 있어요.

p. 53

練習1

(1) 포도하고 귤, 포도와 귤
(2) 노트북하고 카메라, 노트북과 카메라
(3) 가방하고 지갑, 가방과 지갑
(4) 연필하고 컵, 연필과 컵
(5) 의자하고 책상, 의자와 책상 /
　　책상하고 의자, 책상과 의자

練習2

(1) 교과서 다섯 권하고 우산 한 개가 있어요.
(2) 커피 한 잔하고 귤 세 개가 있어요.
(3) 콜라 네 캔하고 사과 여덟 개가 있어요.
(4) 사진 두 장하고 지우개 여섯 개가 있어요.

練習3

(1)

노	트	가		몇		권		있	어	요	?

(2)

친	구	는		스	물	한		살	이	에	요	.

(3)

남	동	생	이		세		명		있	습	니	다	.

p. 56 リーディング

1. (1) ④　(2) 2명/두 명(이에요. / 입니다.)
2. (1) 한국어 교실(이에요. / 입니다.)
　　(2) 6명/여섯 명(이에요. / 입니다.)
　　(3) ①

p. 57 リスニング

1. (1) ○　(2) ×　(3) ×　(4) ○
2. (1) ③　(2) ②

第8課 **토요일에 공원에서 운동해요.**

p. 59

練習1

(1)-(e)　(2)-(f)　(3)-(d)　(4)-(a)　(5)-(b)

練習2

(1) 금요일　(2) 요리하다　(3) 화요일
(4) 수영하다　(5) 토요일　(6) 운동하다

p. 60

文型1

(1) 카페 근처에 있어요.
(2) 서점 옆에 있어요.
(3) 목요일에 있어요.
(4) 화요일에 있어요.

文型2

(1)	일해요	일합니다.	일합니까?
(2)	전화해요	전화합니다.	전화합니까?
(3)	쇼핑해요	쇼핑합니다.	쇼핑합니까?

文型3
(1) 학교에서 공부합니다. / 공부해요.
(2) 수영장에서 수영합니다. / 수영해요.
(3) 식당에서 요리합니다. / 요리해요.

p. 61
練習1
(1) 에서　(2) 에　(3) 에　(4) 에서　(5) 에　(6) 에서

練習2
(1) 수영장에서 수영해요.
(2) 백화점에서 쇼핑해요.
(3) 집에서 요리해요.
(4) 회사에서 일해요.
(5) 공원에서 산책해요.

練習3
(1)

| 어 | 디 | 에 | 서 | | 공 | 부 | 합 | 니 | 까 | ? |

(2)

| 주 | 말 | 에 | | 카 | 페 | 에 | 서 | | 일 | 합 | 니 | 다 | . |

(3)

| 친 | 구 | 가 | | 공 | 원 | | 앞 | 에 | | 있 | 어 | 요 | . |

p. 64 リーディング
1. (1) ×　(2) ○　(3) ×　(4) ○
2. (1) 공부합니다. / 공부해요.　(2) ②

p. 65 リスニング
1. (1) ×　(2) ○　(3) ×　(4) ×
2. (1) 백화점(에 있어요. / 있습니다.)　(2) ②

第9課 **저녁에 친구를 만나요.**

p. 67
練習1
(1)-(c)　(2)-(b)　(3)-(a)　(4)-(d)

練習2
(1)-(f)　(2)-(g)　(3)-(a)　(4)-(c)　(5)-(d)　(6)-(b)

練習3
(1) 만나다　(2) 일어나다　(3) 읽다　(4) 마시다　(5) 열다

p. 68
文型1
(1) 를　(2) 을　(3) 을　(4) 를
(5) 을　(6) 을　(7) 를　(8) 를

文型2

基本形	-아/어/ 여요	基本形	-아/어/ 여요	基本形	-아/어/ 여요
사다	사요	자다	자요	만나다	만나요
서다	서요	세다	세요	보내다	보내요
보다	봐요	주다	줘요	내리다	내려요
앉다	앉아요	읽다	읽어요	열다	열어요

p. 69
練習1
(1) 문을 열다　　　(2) 책을 읽다
(3) 한국어를 가르치다　(4) 물을 마시다
(5) 텔레비전을 보다

練習2
(1) 바나나를 먹어요.　(2) 차를 타요.
(3) 커피를 마셔요.　(4) 문을 닫아요.
(5) 옷을 입어요.　(6) 가방을 사요.
(7) 영화를 봐요.　(8) 수영을 배워요.

練習3
(1)

| 학 | 교 | 에 | 서 | | 한 | 국 | 어 | 를 | | 배 | 워 | 요 | ? |

(2)

| 저 | 는 | | 영 | 어 | 를 | | 가 | 르 | 쳐 | 요 | . |

(3)

| 시 | 장 | 에 | 서 | | 과 | 일 | 을 | | 팔 | 아 | 요 | . |

p. 72 リーディング
1. (1) 공원(에서 만나요. / 만납니다.)　(2) ④
2. (1) 한국어와 태권도(를 배워요. / 배웁니다.)　(2) ③

p. 73 リスニング
1. (1) ③　(2) ②　(3) ④　(4) ①
2. (1) ②　(2) ②

第10課　몇 시에 학교에 옵니까?

p. 75

練習1
(1) 오전 열 시
(2) 오후 열두 시 사십삼 분
(3) 오전 여섯 시 십오 분
(4) 오후 세 시 오십이 분
(5) 오전 여덟 시 삼십 분(여덟 시 반)
(6) 오후 네 시 이십칠 분

練習2
(1) 칠십삼 페이지
(2) 이천이십사 년
(3) 만 구천팔백 원
(4) 일 학년
(5) 구 월 이십오 일
(6) 공이(의) 일이삼(의) 사오육칠 번

練習3
(1) 밤 아홉 시 사십 분에 친구와 이야기해요.
(2) 낮 열두 시 삼십 분에 점심을 먹어요. /
　　 낮 열두 시 반에 점심을 먹어요.
(3) 저녁 여섯 시 십 분에 빨래를 해요.
(4) 오전 열 시 이십 분에 학교에 가요.
(5) 오후 세 시 사십오 분에 집에 와요.

p. 76

文型1
(1) 월요일에서/월요일부터 수요일까지
(2) 서울부터/서울에서 부산까지
(3) 1학년부터/1학년에서 2학년까지
(4) 영화관에서/영화관부터 병원까지
(5) 오전 여덟 시 이십 분부터 오후 세 시 삼십 분까지
(6) 오전 열 시 십오 분부터 오후 다섯 시 사십오 분까지

文型2

基本形	-아/어요	-ㅂ/습니다.	-ㅂ/습니까?
만나다	만나요	만납니다.	만납니까?
읽다	읽어요	읽습니다.	읽습니까?
앉다	앉아요	앉습니다.	앉습니까?
열다	열어요	엽니다.	엽니까?

p. 77

練習1
(1) 물을 마십니다.　　　(2) 태권도를 배웁니다.

(3) 문을 엽니다.　　　(4) 의자에 앉습니다.
(5) 옷을 입습니다.　　　(6) 편지를 읽습니다.
(7) 과일을 팝니다.　　　(8) 청소를 합니다.

練習2
(1) 오전 열 시 십오 분부터 열한 시까지 산책을 합니다.
(2) 오전 여덟 시부터 여덟 시 삼십 분까지 아침을 먹습니다. /
　　 오전 여덟 시부터 여덟 시 반까지 아침을 먹습니다.
(3) 오후 한 시 십 분부터 두 시 이십오 분까지 책을
　　 읽습니다.
(4) 오전 아홉 시 사십오 분부터 오후 열두 시까지 청소를
　　 합니다.
(5) 오후 여섯 시 사십 분부터 일곱 시 이십 분까지 요리를
　　 합니다.

練習3
(1)

오	늘	부	터		내	일	까	지		쉽	니	다	.

(2)

일	곱		시	에		저	녁	을		먹	습	니	다	.

(3)

남	동	생	은		어	디	에		삽	니	까	?

p. 80 リーディング

1. (1) 오전 여덟 시(까지 학교에 와요./옵니다.)　(2) ①
2. (1) 오후 여섯 시부터 아홉 시까지 (책을 읽습니다. /
　　 읽어요.)　(2) ②

p. 81 リスニング

1. (1) ③　(2) ②　(3) ⑤　(4) ①
2. (1) ①　(2) ②

第11課　저는 오늘 쇼핑 안 해요.

p. 83

練習1
(1)-(f)　(2)-(c)　(3)-(g)　(4)-(a)　(5)-(b)　(6)-(e)

練習2
(1) 아주　(2) 너무　(3) 너무　(4) 조금　(5) 가끔

練習3
(1) A: 삼만 오천 원이에요.
(2) Q: 얼마예요? A: 만 이천구백 원이에요.
(3) Q: 얼마예요? A: 육만 칠천팔백 원이에요.

(4) Q: 와이셔츠가 얼마예요? A: 이만 삼천사백 원이에요.

(5) Q: 원피스가 얼마예요? A: 사십만 원이에요.

(6) Q: 양말이 얼마예요? A: 육천 원이에요.

(7) Q: 넥타이가 얼마예요? A: 팔만 천 원이에요.

p. 84

文型1

(1) 안 앉다 / 앉지 않다

(2) 수영 안 하다 / 수영하지 않다

(3) 안 높다 / 높지 않다

(4) 안 좋아하다 / 좋아하지 않다

(5) 안 길다 / 길지 않다

(6) 전화 안 하다 / 전화하지 않다

文型2

(1) 구두가 커요.

(2) 회사가 바빠요.

(3) 배가 고파요.

(4) 다리가 아파요.

(5) 옷이 예뻐요.

(6) 이름을 써요.

(7) 눈이 나빠요.

p. 85

練習1

(1) 안 작습니다. / 작지 않습니다.

(2) 안 낮습니다. / 낮지 않습니다.

(3) 안 짧습니다. / 짧지 않습니다.

(4) 안 신선합니다. / 신선하지 않습니다.

練習2

(1) A: 배가 안 고파요. / 배가 고프지 않아요.

(2) Q: 꽃이 예뻐요?

　　A: 아니요, 안 예뻐요. / 예쁘지 않아요.

(3) Q: 눈이 나빠요?

　　A: 아니요, 안 나빠요. / 나쁘지 않아요.

(4) Q: 편지를 써요?

　　A: 아니요, 안 써요. / 쓰지 않아요.

練習3

(1)

| 커 | 피 | 는 | | 거 | 의 | | 안 | | 마 | 십 | 니 | 다 | . |

(2)

| 지 | 금 | 은 | | 안 | | 바 | 빠 | 요 | . |

(3)

| 구 | 두 | 가 | | 조 | 금 | | 작 | 지 | | 않 | 아 | 요 | ? |

p. 88 リーディング

1. (1) ①　(2) 오만 육천 원이에요. / 입니다.

2. (1) ×　(2) ○　(3) ×　(4) ×

p. 89 リスニング

1. (1) ○　(2) ○　(3) ×　(4) ×

2. (1) ③　(2) ②

第12課　제 취미는 사진 찍기예요.

p. 91

練習1

(1)-(a)　(2)-(c)　(3)-(e)　(4)-(f)　(5)-(b)

練習2

(1) 드라마 보기

(2) 음악 듣기

(3) 노래 부르기

(4) 그림 그리기

(5) 게임 하기

練習3

(1) 그래서

(2) 하지만

(3) 그런데

(4) 그리고

(5) 그래서

p. 92

文型1

(1) 한국어 책을 읽고 싶어요. / 한국어 책을 읽고 싶습니다.

(2) 미국 드라마를 보고 싶어요. / 미국 드라마를 보고 싶습니다.

(3) 운동화를 사고 싶어요? / 운동화를 사고 싶습니까?

文型2

(1) 부르는 노래

(2) 다니는 학교

(3) 읽는 책

(4) 사는 곳

文型3

(1) 자주 이 길을 걸어요. / 자주 이 길을 걷습니다.

(2) 한국 음악을 들어요. / 한국 음악을 듣습니다.

(3) 꽃을 많이 받아요. / 꽃을 많이 받습니다.

練習1
(1) 요리를 하는 사람
(2) 사진을 찍는 사람
(3) 스키를 타는 사람

練習2
(1) 가방을 사고 싶어요.
(2) 한국 요리를 먹고 싶어요.
(3) 공원에서 그림을 그리고 싶어요.

練習3
(1)

| 가 | 끔 | | 음 | 악 | 을 | | 들 | 어 | 요 | . |

(2)

| 여 | 동 | 생 | 이 | | 좋 | 아 | 하 | 는 | | 가 | 수 | 입 | 니 | 다 | . |

(3)

| 서 | 울 | 에 | 서 | | 쇼 | 핑 | 을 | | 하 | 고 | | 싶 | 어 | 요 | . |

p. 96 リーディング
1. (1) ○ (2) × (3) × (4) ×
2. (1) 친구와 같이 그림을 그려요. / 그립니다.   (2) ④

p. 97 リスニング
1. (1) ○ (2) × (3) × (4) ○
2. (1) 게임 하기예요. / 입니다.   (2) ④

第13課 지난 주말에 뭐 했어요?

p. 99
練習1

(1)	지난주	이번 주	다음 주
(2)	지난달	이번 달	다음 달
(3)	작년	올해	내년
(4)	어제	오늘	내일

練習2
(1) 이천이십오 년 유월 십육 일
(2) 이천이십육 년 시월 구 일
(3) 이천이십칠 년 팔 월 삼십일 일

練習3
(1) 조금
(2) 빨리

(3) 제일
(4) 또

練習4
(1) ○ 월 ○ 일이에요. / 입니다.
(2) ○ 월 ○ 일이에요. / 입니다.

p. 100
文型1
(1) 듣고 읽다
(2) 신선하고 싸다
(3) 크고 높다
(4) 팔고 사다

文型2

基本形	-아/어/ 여요	-았/었/ 였어요	-았/었/ 였습니다.	-았/었/ 였습니까?
읽다	읽어요	읽었어요	읽었습니다.	읽었습니까?
공부하다	공부해요	공부했어요	공부했습니다.	공부했습니까?
예쁘다	예뻐요	예뻤어요	예뻤습니다.	예뻤습니까?
좋다	좋아요	좋았어요	좋았습니다.	좋았습니까?

文型3
(1) 이 가방은 싸지만 저 가방은 비싸요.
(2) 아까 밥을 먹었지만 아직 배가 고파요.

p. 101
練習1
(1) 재미있지만
(2) 먹고
(3) 가지만
(4) 보내고
(5) 갔지만

練習2
(1) 그림을 그렸어요. / 그렸습니다.
(2) 재미있었어요. / 재미있었습니다.
(3) 수영을 했어요. / 했습니다.
(4) 제일 예뻤어요. / 예뻤습니다.
(5) 편지를 썼어요. / 썼습니다.
(6) 진짜 샀어요. / 샀습니다.
(7) 매주 공부했어요. / 공부했습니다.
(8) 가장 높았어요. / 높았습니다.
(9) 잠깐 만났어요. / 만났습니다.
(10) 또 왔어요. / 왔습니다.

練習3

(1)

| 머 | 리 | 도 | | 아 | 프 | 고 | | 배 | 도 | | 아 | 파 | 요 | . |

(2)

| 지 | 난 | 달 | 에 | | 한 | 국 | 에 | | 왔 | 습 | 니 | 까 | ? |

(3)

| 그 | | 옷 | 은 | | 예 | 뻤 | 지 | 만 | | 너 | 무 | | 비 | 쌌 | 어 | 요 | . |

p. 104 リーディング

1. (1) ②　(2) ④
2. (1) ②　(2) ④

p. 105 リスニング

1. (1) ③　(2) ⑤　(3) ④　(4) ②
2. (1) ③　(2) ①

第14課　매운 음식을 좋아해요?

p. 107

練習1

(1)-(e)　(2)-(b)　(3)-(c)　(4)-(a)

練習2

(1)-(d)　(2)-(a)　(3)-(e)　(4)-(b)

練習3

○○을 / 를 좋아해요. / 좋아합니다.

p. 108

文型1

基本形	-(스)ㅂ니다	-아/어요	-았/었어요	-았/었습니다
쉽다	쉽습니다.	쉬워요	쉬웠어요	쉬웠습니다.
가깝다	가깝습니다.	가까워요	가까웠어요	가까웠습니다.
어렵다	어렵습니다.	어려워요	어려웠어요	어려웠습니다.
더럽다	더럽습니다.	더러워요	더러웠어요	더러웠습니다.
좁다	좁습니다.	좁아요	좁았어요	좁았습니다.

文型2

(1) 좋은 사람
(2) 짠 음식
(3) 긴 머리
(4) 뜨거운 물
(5) 맛있는 비빔밥
(6) 깨끗한 신발

(7) 간단한 게임
(8) 재미없는 드라마

p. 109

練習1

(1) 좀 싱거워요.
(2) 아주 가까워요.
(3) 정말 아름다워요.
(4) 조금 좁아요.

練習2

(1) 넓은 방이 좋아요.
(2) 쓴 약을 먹어요.
(3) 맛있는 음식을 먹고 싶어요.
(4) 단 커피를 좋아해요.

練習3

(1)

| 요 | 리 | 가 | | 너 | 무 | | 매 | 워 | 요 | . |

(2)

| 재 | 미 | 있 | 는 | | 영 | 화 | 를 | | 봐 | 요 | . |

(3)

| 더 | 러 | 운 | | 방 | 을 | | 청 | 소 | 했 | 습 | 니 | 다 | . |

p. 112 リーディング

1. (1) ○　(2) ×　(3) ×
2. (1) 순두부찌개를 만들었어요. / 만들었습니다.
　　(2) ③

p. 113 リスニング

1. (1) ⑤　(2) ③　(3) ④　(4) ①
2. (1) ②　(2) ②

第15課　이번 주는 정말 춥네요.

p. 115

練習1

(1) 피다　(2) 내리다　(3) 들다　(4) 먹다　(5) 맞다
(6) 걸리다

練習2

(1)-(a)　(2)-(d)　(3)-(b)　(4)-(e)

練習3
(1) 더운 여름
(2) 시원한 바람
(3) 쌀쌀한 가을
(4) 흐린 날씨
(5) 추운 겨울
(6) 따뜻한 계절

p. 116

文型1

基本形	-아/어서	基本形	-아/어서
맑다	맑아서	입원하다	입원해서
열이 나다	열이 나서	듣다	들어서
단풍이 들다	단풍이 들어서	어렵다	어려워서
다치다	다쳐서	배우다	배워서

文型2

基本形	-네요	名詞	-(이)네요
흐리다	흐리네요	장마	장마네요
덥다	덥네요	봄	봄이네요
비가 내리다	비가 내리네요	감기	감기네요
바람이 불다	바람이 부네요	태풍	태풍이네요
약을 먹다	약을 먹네요	겨울	겨울이네요

p. 117

練習1
(1) 어제는 열이 나서 약을 먹었어요.
(2) 여름 방학이라서 여행을 가요.
(3) 태풍이 와서 비가 많이 내려요.
(4) 김치가 매워서 물을 마셨어요.

練習2
(1) 비가 내리네요. / 오네요.
(2) 눈이 내리네요. / 오네요.
(3) 날씨가 춥네요.

練習3
(1)

오	늘	은		날	씨	가		좋	네	요	.

(2)

감	기	에		걸	려	서		주	사	를		맞	았	어	요	.

(3)

너	무		더	워	서		바	다	에		갔	습	니	다	.

1. (1) × (2) ○ (3) ×
2. (1) 다리를 다쳐서 입원했어요. / 입원했습니다. (2) ②

p. 121 リスニング
1. (1) ② (2) ③ (3) ④ (4) ①
2. (1) ② (2) ④

スピーキング及びリーディングの和訳

第4課

会話A

サンウ：こんにちは。パク・サンウです。
　　　　初めまして。
ハ　ナ：こんにちは。私は山田ハナです。
　　　　よろしくお願いします。
サンウ：山田ハナさんは日本人ですか。
ハ　ナ：はい、日本人です。
　　　　パク・サンウさんはどちらの
　　　　国の人ですか。
サンウ：韓国人です。
　　　　お会いできて嬉しいです。

会話B

リ　ク：こんにちは。私はリクです。
　　　　お会いできて嬉しいです。
アンナ：はい、お会いできて嬉しいです。
　　　　私の名前はアンナです。
　　　　私は学生です。
リ　ク：アンナさんはドイツ人ですか。
アンナ：いいえ。アメリカ人です。
　　　　リクさんも学生ですか。
リ　ク：はい、私も学生です。

リーディング1.（左）

こんにちは。
お会いできて嬉しいです。
私はジャン・ウェイです。
中国人です。
中国語の先生です。

リーディング1.（右）

こんにちは。
初めまして。
私の名前はマリア・ガルシアです。
スペイン人です。
よろしくお願いします。

リーディング2.

ハ　ナ：初めまして。私は山田ハナです。
サンウ：お会いできて嬉しいです。
　　　　私はパク・サンウです。
ハ　ナ：サンウさんはどちらの国の人
　　　　ですか。
サンウ：韓国人です。ハナさんも韓国人

ですか。
ハ　ナ：いいえ、日本人です。
　　　　サンウさんは学生ですか。
サンウ：はい、私は学生です。
　　　　ハナさんも学生ですか。
ハ　ナ：いいえ、私は看護師です。

第5課

会話A

サンウ：この人は誰ですか。
アンナ：私の妹です。
サンウ：妹の名前は何ですか。
アンナ：ジェインです。
サンウ：ジェインさんも学生ですか。
アンナ：いいえ、学生ではありません。
　　　　美容師です。

会話B

リ　ク：誰の部屋ですか。
スジン：私の部屋です。
リ　ク：これは何ですか。
スジン：机です。
リ　ク：あれは冷蔵庫ですか。
スジン：いいえ、冷蔵庫ではありません。
　　　　クローゼットです。

リーディング1.

アンナ：これは何ですか。
サンウ：私の家族写真です。
アンナ：この人は誰ですか。
サンウ：私の姉です。そしてこの方は
　　　　私の母です。母は韓国語の
　　　　先生です。
アンナ：ではお姉さんも韓国語の
　　　　先生ですか。
サンウ：いいえ、先生ではありません。
　　　　主婦です。

リーディング2.

私は山田ハナです。学生です。
これは私の家族写真です。
この方が私の父です。父は銀行員です。
この方は私の母です。母は看護師です。
この人は私の弟です。
弟は学生ではありません。警察官です。

第6課

会話A

サンウ：ここはどこですか。
アンナ：私の学校の留学生センターです。
サンウ：あの方は誰ですか。
アンナ：韓国語の先生です。
サンウ：あの方も韓国語の先生ですか。
アンナ：いいえ、あの方は韓国語の
　　　　先生ではありません。日本語の
　　　　先生です。

会話B

スジン：ここは果物屋です。
マーク：これは何ですか。
スジン：それは柿です。
マーク：ではあれは梨ですか。
スジン：いいえ、梨ではありません。
　　　　リンゴです。
マーク：どれがミカンですか。
スジン：あれがミカンです。

リーディング1.

アンナ：もしもし。サンウさん、
　　　　どこですか。
サンウ：私の故郷です。
アンナ：故郷はどこですか。
サンウ：釜山です。ここは私の家です。
アンナ：そこがサンウさんの部屋ですか。
サンウ：はい、私の部屋です。これが
　　　　私の机です。
アンナ：それはサンウさんのベッドですか。
サンウ：いいえ、ベッドではありません。
　　　　ソファです。

リーディング2.

こんにちは。私はハナです。
ここは私の家です。ここが私の部屋
です。
これは私の机です。そしてこれは椅子
です。
これが私のベッドです。
あそこは台所です。あれが冷蔵庫です。
あれは鏡ではありません。写真です。
あの方は私の祖母です。祖母は主婦
です。

第7課

会話 A

ハ　ナ：家族は全部で何人ですか。

マーク：5人です。

ハ　ナ：兄弟がいますか。

マーク：はい、妹が2人います。

ハ　ナ：弟もいますか。

マーク：いいえ、弟はいません。

ハ　ナ：妹は何歳ですか。

マーク：13歳と16歳です。

会話 B

リ　ク：これは誰の鞄ですか。

スジン：私の鞄です。

リ　ク：それは何ですか。

スジン：私のノートと筆箱です。

リ　ク：ノートは何冊ありますか。

スジン：3冊あります。

リ　ク：ハサミもありますか。

スジン：はい、ハサミは一つあります。

リーディング 1.

スジン：この人は誰ですか。

リ　ク：私の姉です。

スジン：リクさんの姉は何歳ですか。

リ　ク：23歳です。姉は警察官です。
　　　　スジンさんは兄弟がいますか。

スジン：はい。姉が1人と妹が2人
　　　　います。姉は会社員です。妹は
　　　　2人とも学生です。

リーディング 2.

ここは私の韓国語の教室です。
この方は韓国語の先生です。先生は
韓国人です。
私のクラスの学生は全部で8人です。
男子は2人、女子は6人います。机は8台あります。そして椅子も8脚
あります。
韓国語の教科書は9冊あります。ノートは8冊あります。
エアコンは一つあります。ノートパソコンとテレビはありません。

第8課

会話 A

ハ　ナ：サンウさんはどこでアルバイト
　　　　していますか。

サンウ：私はコンビニでアルバイトして
　　　　います。

ハ　ナ：そのコンビニはどこにありますか。

サンウ：銀行の右側にあります。
　　　　ハナさんもアルバイトしていますか。

ハ　ナ：はい。私はカフェで働いています。
　　　　そのカフェは百貨店の近所に
　　　　あります。

会話 B

リ　ク：スジンさん、土曜日に何しますか。

スジン：友達と百貨店でショッピング
　　　　します。

リ　ク：では日曜日には何しますか。

スジン：図書館で勉強します。
　　　　リクさんは週末に何しますか。

リ　ク：私は土曜日に公園で運動します。
　　　　そして日曜日には家にいます。

リーディング 1.

アンナ：もしもし。サンウさん、
　　　　今どこにいますか。

サンウ：学校にいます。

アンナ：そうですか。私も学校にいます。
　　　　サンウさんは今何していますか。

サンウ：マークさんと一緒に図書館で
　　　　勉強しています。アンナさんは
　　　　何していますか。

アンナ：私は今運動場でハナさんと
　　　　運動しています。

リーディング 2.

私は山田ハナです。ここは私の学校
です。
学校の中には教室と図書館、レストラン、カフェ、そして本屋があります。
運動場とプールはありません。
図書館はカフェの前にあります。
私は平日に図書館で勉強します。
週末にはカフェで韓国人の友達と一緒に勉強します。
私たちは韓国語で話します。

第9課

会話 A

サンウ：アンナさん、午後に時間
　　　　ありますか。

アンナ：いいえ、午後にはアルバイトを
　　　　します。

サンウ：アルバイトはどこでしますか。

アンナ：学校の前のコンビニでします。
　　　　サンウさんは週末に何をしますか。

サンウ：私は約束がありません。
　　　　週末には散歩をします。

会話 B

マーク：スジンさん、金曜日に学校に
　　　　来ますか。

スジン：いいえ、金曜日には友達に
　　　　会います。

マーク：どこで友達に会いますか。

スジン：家の近所のカフェで会います。
　　　　マークさんは金曜日に学校に
　　　　行きますか。

マーク：はい。金曜日に英語のサークルが
　　　　あります。私はサークルで英語を
　　　　教えています。

リーディング 1.

スジン：水曜日の午後に授業がありますか。

リ　ク：いいえ、授業はありません。
　　　　午後には学校の隣の公園に
　　　　行きます。公園でテコンドーの
　　　　練習をします。

スジン：そうですか。私もテコンドーを
　　　　習っています。一緒に練習
　　　　しましょう。

リ　ク：はい、良いですよ。では午後に
　　　　公園で会いましょう。

リーディング 2.

私は平日の午前に韓国学校に通っています。
韓国学校で韓国語とテコンドーを習っています。
学校には韓国人の友達もいます。
週末には授業がありません。
土曜日には学校の前で韓国人の友達

に会います。
私たちは一緒にカフェで韓国語の宿題をします。
そして日曜日には公園でテコンドーの練習をします。

第10課

会話 A

サンウ：アンナさん、明日は何時に学校に来ますか。

アンナ：午前11時に行きます。

サンウ：授業は何時からですか。

アンナ：1時30分から3時までです。サンウさんは今日何をしますか。

サンウ：午前には日本語を勉強します。そして午後には図書館で本を読みます。

会話 B

リ ク：ハナさん、今日韓国語の宿題がありますか。

ハ ナ：はい、教科書の12ページから15ページまでです。

リ ク：英語の宿題も知っていますか。

ハ ナ：いいえ。英語の宿題はスジンさんが知っています。スジンさんは今日の午後5時までアルバイトをしています。

リ ク：ではスジンさんの電話番号を知っていますか。

ハ ナ：はい、010-2356-8947です。

リーディング 1.

スジン：明日、何時に学校に来ますか。

リ ク：明日は午後1時から授業があります。スジンさんは明日学校に来ますか。

スジン：はい、明日は朝から授業があります。8時まで学校に行きます。リクさんは学食でランチを食べますか。

リ ク：いいえ、家で食べます。夕方には図書館の隣の食堂に行きます。

リーディング 2.

私は毎日朝7時に起きます。7時半から家の前の公園で散歩します。

そして8時に朝食を食べます。午前には私の部屋を掃除します。

午後1時に学校に行きます。学校では韓国語と英語を習います。授業は5時まであります。

6時から9時までは図書館で本を読みます。

夜10時に家に帰ります。そして12時に寝ます。

第11課

会話 A

アンナ：サンウさんは今日何しますか。

サンウ：ショッピングをします。アンナさんも今日ショッピングをしますか。

アンナ：いいえ。私は今日ショッピングしません。サンウさんはどこでショッピングをしますか。

サンウ：家の近所の百貨店でショッピングをします。

アンナ：その百貨店は人が多いですか。

サンウ：いいえ、多くありません。

会話 B

リ ク：そのジーンズとワンピースはどうですか。

ハ ナ：ジーンズは少し長いです。そしてワンピースはとても小さいです。

リ ク：ではあの半ズボンはどうですか。

ハ ナ：とてもかわいいです。

リ ク：半ズボンも小さいですか。

ハ ナ：いいえ、小さくありません。半ズボンは値段も安いです。19,800ウォンです。

リーディング 1.

客　：このジーンズはいくらですか。

店 員：56,000ウォンです。

客　：ズボンが本当にかわいいです。

店 員：最近そのズボンがとても人気が高いです。

客　：そうですか。ズボンが少し長くありませんか。

店 員：いいえ、長くありません。とてもかっこいいです。

リーディング 2.

こんにちは。私はリクです。

私の家の前には店が一つあります。

その店では肉と野菜、果物、そしてパンを売っています。

店は大きくありません。私は毎日その店に行きます。

その店のパンは本当においしいです。値段も高くありません。

果物と野菜はとても安いです。そして新鮮です。

肉は少し高いです。

第12課

会話 A

ハ ナ：サンウさんは趣味が何ですか。

サンウ：私は料理が好きです。そして旅行をすることも好きです。今度の連休に日本に旅行に行きたいです。ハナさんの趣味は何ですか。

ハ ナ：私の趣味は写真を撮ることです。私の学校には写真を撮る人が多いです。

会話 B

マーク：アンナさんは運動が好きですか。

アンナ：はい、好きです。私の趣味はテニスをすることです。だからよくテニスをします。マークさんも運動が好きですか。

マーク：いいえ、私は運動が好きではありません。しかし音楽を聴くことは好きです。だから毎日音楽を聴きます。

リーディング 1.

ハ ナ：アンナさん、趣味は何ですか。

アンナ：私はドラマを見ることが好きです。最近は毎日アメリカのドラマを

見ます。

ハ　ナ: 私もドラマが好きです。アンナ
　　　　さんは日本のドラマも見ますか。

アンナ: いいえ。しかし日本のドラマも
　　　　見たいです。

ハ　ナ: そうですか。では今日の夕方に
　　　　一緒に見ましょう。

アンナ: 良いですよ。7時に会いましょう。

リーディング 2.

ここは友達としばしば来る公園です。
この公園はとても大きいです。そして
人も多いです。
散歩する人、本を読む人、ギターを弾
く人もいます。
ここは木と花が本当に多いです。
私はこの公園で花の絵を描くことが好き
です。
そしてたまに公園で友達とテニスもし
ます。
私は明日も友達と一緒に公園に来ます。
しかし明日はテニスをしません。友達
と一緒に絵を描きます。

第13課

会話 A

スジン: マークさん、昨日何しましたか。

マーク: カフェでパンを食べてコーヒも
　　　　飲みました。
　　　　パンは美味しかったけど少し
　　　　高かったです。
　　　　スジンさんは何しましたか。

スジン: 私は登山をしました。
　　　　大変だったけど楽しかったです。

マーク: 来週に私も登山をしたいです。

会話 B

リ　ク: アンナさん、先週末に何しまし
　　　　たか。

アンナ: 百貨店に行きました。
　　　　ハナさんの誕生日プレゼントを
　　　　買って私の服も買いました。

リ　ク: そうですか。ハナさんの誕生日
　　　　ですか。

アンナ: はい、明日がハナさんの誕生日

です。
リクさんは誕生日がいつですか。

リ　ク: 私の誕生日は 3 月 16 日です。

リーディング 1.

ハ　ナ: サンウさん、今日アルバイトは
　　　　5 時からじゃなかったですか。

サンウ: はい。少し早く来ました。店は
　　　　とても忙しかったですか。

ハ　ナ: いいえ。忙しくありませんでした。
　　　　今日はお客さんも少なくて本当
　　　　に暇でした。

サンウ: そうですか。昨日はお客さんが
　　　　多かったですか。

ハ　ナ: はい。昨日はとても（㋐）。

リーディング 2.

スジンさんとリクさん、そして私は一
緒にアルバイトをする友達です。
昨日はスジンさんの誕生日でした。
私はお花をプレゼントして、リクさん
は鞄をプレゼントしました。
スジンさんがとても喜んでいました。
私たちはランチを食べてカフェにも行き
ました。
しかしスジンさんは家族と夕飯の約束
がありました。
私はもっと遊びたかったですが、早く
家に帰りました。

第14課

会話 A

サンウ: アンナさんは辛い食べ物が好き
　　　　ですか。

アンナ: いいえ、私は辛い食べ物が好き
　　　　ではありません。

サンウ: ではどんな食べ物が好きですか。

アンナ: 私は甘い食べ物が好きです。
　　　　だからケーキをしばしば食べます。
　　　　サンウさんはどんな食べ物が
　　　　好きですか。

サンウ: 私は辛くてしょっぱい食べ物が
　　　　好きです。

会話 B

ハ　ナ: マークさん、今週末のホテルは
　　　　予約しましたか。

マーク: いいえ、まだしていません。
　　　　ハナさんはどんなホテルが良い
　　　　ですか。

ハ　ナ: 私は駅から近くて安いホテルが
　　　　良いです。

マーク: ではこのホテルはどうですか。

ハ　ナ: 安いけど部屋がとても汚いです。
　　　　私はきれいなホテルに泊まり
　　　　たいです。

リーディング 1.

マーク: 学校の長期休暇に旅行に行き
　　　　たいです。

ハ　ナ: 私も一緒に行きたいです。
　　　　マークさんはどんなところに
　　　　行きたいですか。

マーク: 景色が美しいところに行きたい
　　　　です。

ハ　ナ: 南怡島はどうですか。景色も
　　　　美しくてソウルから近いです。

マーク: 南怡島も良いですが、私はもう
　　　　少し遠いところに行きたいです。

ハ　ナ: そうですか。では済州島に
　　　　行きましょう。
　　　　済州島はソウルから遠いですが、
　　　　景色が本当に美しいです。

リーディング 2.

私の名前はハナです。私は料理をする
ことが好きです。
だから友達たちとしばしば料理をします。
私は辛い食べ物が好きではありません。
そしてしょっぱい食べ物も嫌です。
しかしスジンさんはしょっぱくて辛い
食べ物をよく食べます。
今日はスジンさんがプルコギを作って、
私は純豆腐チゲを作りました。
純豆腐チゲは味が薄かったです。
プルコギは少ししょっぱかったですが
おいしかったです。
スジンさんと私は純豆腐チゲとプルコ
ギをおいしく食べました。
友達と一緒に韓国料理をまた作りたい
です。

第15課

会話 A

リ ク: アンナさん、今日ソウルの
　　　　天気はどうですか。

アンナ: ここは今雪が降ってとても
　　　　寒いです。
　　　　東京も雪が降っていますか。

リ ク: いいえ、東京は風が吹いて
　　　　肌寒いですね。
　　　　ところでアンナさんはソウルに
　　　　よく行きますか。

アンナ: はい、私は韓国の料理が
　　　　好きなのでよく来ます。

リ ク: 私もソウルに行きたいです。

会話 B

マーク: 今週はとても寒いですね。

ハ ナ: 私はあまりにも寒くて風邪を
　　　　ひきました。
　　　　頭が痛くて熱も少しあります。

マーク: 病院には行きましたか。

ハ ナ: いいえ。まだ行っていません。

マーク: 私も昨日ご飯をあまりにも
　　　　たくさん食べたのでお腹を
　　　　こわしました。
　　　　あとで一緒に病院に行きましょう。

リーディング 1.

リ ク: 今日は天気が本当に良いですね。

スジン: はい、昨日は雨が降りましたが
　　　　今日は晴れて気分が良いです。

リ ク: 風が涼しくて公園で運動をした
　　　　いです。

スジン: リクさんは運動が本当に好きで
　　　　すね。

リ ク: はい。家の前に大きい公園が
　　　　あるので、そこでしばしば運動を
　　　　します。

スジン: 私も公園で絵を描きたいです。
　　　　あとで一緒に行きましょう。

リーディング 2.

アンナさんは先週の水曜日に脚を怪我
しました。
だから木曜日に病院に入院しました。

昼には脚があまりにも痛くて注射を
打って薬も飲みました。
夜には熱がたくさん出て頭も痛かった
です。
しかし金曜日の朝からは熱が下がって
脚も痛くありませんでした。
土曜日にはサンウさんとハナさんが
お見舞いに来ました。
友達たちに会って気分が良かったです。
アンナさんは来週の月曜日に退院します。
そして火曜日から再び学校に行きます。

語彙リスト

ㄱ

5	-가/이	～が
2	가게	店
14	가깝다	近い
11	가끔	時々、たまに
9	가다	行く
9	가르치다	教える
7	가방	鞄
4	가수	歌手
3	가슴	胸
2	가위	ハサミ
15	가을	秋
13	가장	最も
5	가족	家族
14	간단하다	簡単だ
4	간호사	看護師
14	갈비	カルビ
3	감	柿
15	감기	風邪
15	감기에 걸리다	風邪を引く
3	감자	じゃがいも
3	값	値段
8	같이	一緒に
7	개	個
6	거(것)	もの、こと
6	거기	そこ
5	거울	鏡
11	거의	ほとんど、ほぼ
12	걷다	歩く
15	걸리다	掛かる、つかえる
5	것	もの、こと
12	게임	ゲーム
15	겨울	冬
4	경찰관	警察官
14	경치	景色
15	계절	季節
3	고구마	さつま芋
2	고기	肉
11	고프다	(お腹が) 空く
5	고향	故郷
14	곱다*	きれいだ、美しい
6	곳	所
10	공	零 (0)
4	공무원	公務員
9	공부	勉強
8	공부하다	勉強する
6	공원	公園

7	공책	ノート
7	-과/와	～と
3	과일	果物
2	과자	菓子
7	교과서	教科書
4	교사	教師
7	교실	教室
10	구	九 (9)
2	구두	靴
7	권	冊
3	귀	耳
3	귤	みかん
5	그	その
6	그거(그것)	それ
5	그것	それ
6	그곳	そこ
12	그래서	だから
12	그러나	しかし
12	그런데	ところで
5	그럼	それなら、それでは、では
12	그렇지만	しかし
5	그리고	そして
12	그리다	(絵を) 描く
12	그림	絵
12	그림을 그리다	絵を描く
5	그분	その方
8	근처	近所、近く
8	금요일	金曜日
15	기분	気分
13	기뻐하다	喜ぶ、嬉しがる
4	기자	記者
15	기침	咳
15	기침이 나다	咳が出る
12	기타	ギター
12	기타를 치다	ギターを弾く
12	길	道
11	길다	長い
15	김치	キムチ
14	김치찌개	キムチチゲ
10	-까지	～まで
14	깨끗하다	きれいだ、清い、清潔だ
13	꼭	必ず
3	꽃	花
3	끝	終わり

ㄴ

15	나다	出る、起こる、生える
4	나라	国
2	나무	木
11	나쁘다	悪い
15	날씨	天気、天候
13	날짜	日付
5	남동생	弟
14	남이섬	南怡島 (地名)
3	남자	男子
3	낮	昼
11	낮다	低い
13	내년	来年
9	내리다	降りる
10	내일	明日
14	냉면	冷麺
5	냉장고	冷蔵庫
11	너무	(度を越して) あまり、とても
14	넓다	広い
4	네	はい
7	네(넷)	4つ
11	넥타이	ネクタイ
7	넷(네)	4つ
10	년	年 (年度)
12	노래	歌
12	노래를 부르다	歌を歌う
7	노트	ノート
7	노트북	ノートパソコン
13	놀다	遊ぶ
11	높다	(高さが) 高い
5	누구	誰
5	누나	姉
3	눈	雪 / 目
15	눈이 내리다	雪が降る
15	눈이 오다	雪が降る
4	-는/은	～は

ㄷ

13	다	すべて、みんな、皆、全部
4	-(이)다	～だ、～である
9	다니다	通う、行き来する
2	다리	橋 / 脚
7	다섯	5つ
13	다시	再び
13	다음	次

141

13	다음 달	来月
13	다음 주	来週
15	다치다	怪我をする
15	단풍	紅葉
15	단풍이 들다＊	紅葉する
9	닫다	閉める、閉じる
13	달	月
14	달다	甘い
3	닭	鶏
6	대학교	大学
6	대학생	大学生
13	더	もっと、より多く
14	더럽다	汚い
15	덥다	暑い
4	-도	～も
6	도서관	図書館
10	도쿄	東京（地名）
4	독일	ドイツ
3	돈	お金
14	돕다	手伝う、助ける
5	동생	弟 / 妹
9	동아리	サークル
2	돼지	豚
14	된장찌개	味噌チゲ
7	두(둘)	2つ
7	둘(두)	2つ
8	뒤	後ろ、後
2	드라마	ドラマ
12	듣다	聴く
14	-들	～達、等
9	등산	登山
11	디자인	デザイン
15	따뜻하다	暖かい
3	딸기	いちご
9	때	時、際
14	떡볶이	トッポギ
13	또	また
14	뜨겁다	熱い

	ㄹ	
2	라디오	ラジオ
14	라면	ラーメン
8	-로	～で、～に
9	-를/을	～を

	ㅁ	
9	마시다	飲む
7	마흔	四十（40）
10	만	万（10,000）
9	만나다	会う
14	만들다	作る
11	많다	多い
11	많이	大変、たくさん
15	맑다	晴れる
14	맛	味
11	맛없다	まずい、おいしくない
14	맛있게	おいしく
11	맛있다	うまい、おいしい
15	맞다	（注射を）打つ
13	매년	毎年
13	매달	毎月
13	매우	とても
10	매일	毎日
13	매주	毎週
14	맵다	辛い
3	머리	頭、髪
9	먹다	食べる
13	먼저	先、先に、まず
14	멀다	遠い
11	멋있다	しゃれている、すてきだ
13	며칠	何日
7	명	名
7	몇	何、いくつ
7	모두	皆、すべて、全部
13	모레	明後日
2	모자	帽子
3	목	首、喉
8	목요일	木曜日
3	몫＊	分け前、取り分
3	몸	体
3	무	大根
3	무릎	膝
14	무슨	何の、どんな
5	무엇(뭐)	何
13	무척	とても、大変
14	묵다＊	泊まる
3	문	門、戸、ドア
12	묻다	尋ねる
3	물	水
5	물건	品物
6	뭐(무엇)	何

4	미국	米国、アメリカ
4	미국인	アメリカ人
14	미역국	わかめスープ
4	미용사	美容師
6	미용실	美容室

	ㅂ	
3	바나나	バナナ
2	바다	海
15	바람	風
11	바쁘다	忙しい
2	바지	ズボン
8	밖	外
7	반	クラス、班
10	반	半
11	반바지	半ズボン
9	받다	受ける、受け取る、頂く、もらう
3	발	足
3	밤	夜 / 栗
3	밥	飯
3	방	部屋
14	방학	学校の長期休暇
2	배	船 / 腹 / 梨
9	배우다	習う
3	배추	白菜
15	배탈	食あたり、食もたれ、腹痛
15	배탈이 나다	おなかをこわす、食あたりをする
7	백	百（100）
6	백화점	百貨店、デパート
2	버스	バス
10	번	番
7	병	瓶、ボトル
15	병	病、病気
15	병문안	お見舞い
15	병에 걸리다	病気にかかる
6	병원	病院
9	보내다	送る、差し送る、見送る
9	보다	見る / 会う
14	복잡하다	複雑だ
7	볼펜	ボールペン
15	봄	春
12	부르다	歌う、呼ぶ
2	부부	夫婦

課	韓	日
3	부산	釜山（地名）
3	부엌	台所
10	-부터	～から
5	분	方（人の尊敬語）
10	분	分（時刻）
14	불고기	プルゴギ
15	(바람이) 불다	(風が) 吹く
15	비	雨
15	비가 내리다	雨が降る
15	비가 오다	雨が降る
14	비빔밥	ビビンバ
11	비싸다	(値段が) 高い
9	빨래	洗濯
13	빨리	速く、早く
3	빵	パン

ㅅ

課	韓	日
10	사	四（4）
2	사과	りんご
9	사다	買う
4	사람	人
4	사업가	事業家、ビジネスマン
5	사진	写真
3	산	山
9	산책	散策、散歩
8	산책하다	散策する、散歩する
7	살	歳、才
9	살다	住む、暮らす
3	삶*	人生
10	삼	三（3）
14	삼계탕	参鶏湯
9	새벽	夜明け、暁
13	생일	誕生日
9	서다	立つ
7	서른	三十（30）
3	서울	ソウル（地名）
6	서점	書店、本屋
13	선물	贈り物、プレゼント
13	선물하다	プレゼントする
4	선생님	先生
7	세(셋)	3つ
9	세다*	数える
5	세탁기	洗濯機
6	센터	センター
7	셋(세)	3つ
6	소파	ソファ
3	손	手

課	韓	日
11	손님	客
9	쇼핑	買い物、ショッピング
8	쇼핑하다	買い物する、ショッピングする
3	수박	スイカ
8	수업	授業
9	수영	水泳
6	수영장	プール
8	수영하다	泳ぐ
8	수요일	水曜日
9	숙제	宿題
14	순두부찌개	純豆腐チゲ
9	쉬다	休む
7	쉰	五十（50）
14	쉽다	易しい
7	스무(스물)	二十（20）
7	스물(스무)	二十（20）
11	스웨터	セーター
11	스카프	スカーフ
12	스키	スキー
12	스키를 타다	スキーをする
4	스페인	スペイン
7	시	時（時刻）
7	시간	時間
2	시계	時計
14	시다	酸っぱい
15	시원하다	涼しい
13	시월	10月
6	시장	市場、マーケット
6	식당	食堂
7	신문	新聞
11	신발	履物
11	신선하다	新鮮だ
14	싫어하다	嫌いだ
10	십	十（10）
14	싱겁다	味がうすい
11	싸다	(値段が) 安い
15	쌀쌀하다	肌寒い
11	쓰다	書く
14	쓰다	苦い
2	쓰레기	ゴミ
4	씨	～さん

ㅇ

課	韓	日
1	아이	子供
13	아까	先ほど
5	아니다	～で(は)ない

課	韓	日
4	아니요	いいえ
8	아래	下
9	아르바이트	アルバイト
8	아르바이트하다	アルバイトする
14	아름답다	美しい、きれいだ
5	아버지	父
2	아빠	父、パパ
2	아저씨	おじさん
11	아주	とても、かなり
13	아직	まだ
9	아침	朝／朝食
11	아프다	痛い、具合が悪い、病める
7	아홉	9つ
7	아흔	九十（90）
8	안	中
7	안경	メガネ、眼鏡
9	앉다	座る
10	알다	知る、分かる
8	앞	前
14	약	薬
6	약국	薬局
4	약사	薬剤師
9	약속	約束
15	약을 먹다	薬を飲む
11	양말	靴下
2	어깨	肩
4	어느	どの、どこの
5	어디	どこ
14	어떤	どんな、どのような
5	어떻게	どのように
14	어렵다	難しい
5	어머니	母
13	어제	昨日
5	언니	姉
4	언어	言語
5	언제	いつ
3	얼굴	顔
5	얼마	いくら
5	엄마	母
7	없다	居ない、無い
3	엉덩이	尻
5	에어컨	エアコン
6	여기	ここ
3	여덟	8つ
5	여동생	妹
7	여든	八十（80）

15	여름	夏	9	요리	料理	5	이분	この方
15	여름 방학	夏休み	4	요리사	料理人、コック	9	이야기	話、物語
6	여보세요	もしもし	8	요리하다	料理する	8	이야기하다	話す、しゃべる
7	여섯	6つ	8	요일	曜日	11	인기	人気
1	여우	きつね	11	요즘	この頃、最近	11	인기가 많다	人気が高い
1	여유	余裕	5	우리	私たち、我々/うち/	4	인사	挨拶
2	여자	女子			私の	10	일	日 / 仕事
12	여행	旅行	7	우산	傘	7	일곱	7つ
12	여행을 가다	旅行をする	1	우유	牛乳	11	일기	日記
10	여행하다	旅行する	6	우체국	郵便局	4	일본	日本
14	역	駅	2	우표	切手	4	일본어	日本語
9	연습	練習	9	운동	運動	4	일본인	日本人
3	연필	鉛筆	4	운동선수	運動選手	9	일어나다	起きる
12	연휴	連休	6	운동장	運動場	8	일요일	日曜日
7	열	十 (10)	8	운동하다	運動する	13	일찍	早く
15	열	熱	11	운동화	運動靴	8	일하다	働く、仕事する
9	열다	開く、開ける	10	원	ウォン (₩)	7	일흔	七十 (70)
15	열이 나다	熱が出る	11	원피스	ワンピース	9	읽다	読む
10	영	零 (0)	10	월	月 （日付）	3	입	口
4	영국	英国、イギリス	8	월요일	月曜日	9	입다	(衣服を) 着る、履く
4	영어	英語	1	위	上	15	입원하다	入院する
9	영화	映画	8	위치	位置	7	있다	居る、有る
6	영화관	映画館	13	유월	6月	8	-에	～に
8	옆	隣	6	유학생	留学生	8	-에서	～で
1	예	はい / 例	10	육	六 (6)	10	-에서	～から
11	예쁘다	きれいだ、美しい、	9	-을/를	～を			
		かわいい	4	-은/는	～は		ス	
7	예순	六十 (60)	6	은행	銀行	9	자다	寝る
14	예약하다	予約する	4	은행원	銀行員	14	자장면(짜장면)	ジャージャー麺
1	오	五 (5)	14	음식	飲食、食べ物	11	자주	よく、しばしば
10	오늘	今日	12	음악	音楽	13	작년	昨年
9	오다	来る	4	-의	～の	11	작다	小さい
3	오렌지	オレンジ	4	의사	医者	7	잔	杯
8	오른쪽	右、右側	1	의의	意義	13	잘	よく
2	오빠	兄	2	의자	椅子	15	잘하다	上手だ
10	오사카	大阪	5	이	この	13	잠깐	ちょっとの間、
1	오이	きゅうり	1	이	歯 / 二 (2)			しばらく
9	오전	午前	5	-이/가	～が	7	장	枚
9	오후	午後	6	이거(이것)	これ	15	장마	長雨、梅雨
13	올해	今年	5	이것	これ	6	장소	場所
3	옷	服	6	이곳	ここ	11	재미없다	おもしろくない、
5	옷장	クローゼット	13	이따가	後で			つまらない
1	-와	～と	4	이름	名前	11	재미있다	おもしろい
7	-와/과	～と	3	이마	額	2	저	私、自分
11	와이셔츠	ワイシャツ	12	이번	今度 （の）	5	저	あの
1	왜	なぜ、どうして	13	이번 달	今月	6	저거(저것)	あれ
8	왼쪽	左、左側	13	이번 주	今週	5	저것	あれ

6	저곳	あそこ
6	저기	あそこ
9	저녁	夕方／夕食
5	저분	あの方
11	적다	少ない
9	전화	電話
10	전화번호	電話番号
8	전화하다	電話する
9	점심	昼／昼食
11	점원	店員
11	정말	本当に、実に、とても
4	제(저의)	私の
13	제일	一番、最も
14	제주도	済州島（地名）
11	조금(좀)	少し、わずか、ちょっと
11	좀(조금)	少し、わずか、ちょっと
14	좁다	狭い
11	좋다	良い
9	좋아하다	好きだ
13	주	週
9	주다	与える、やる
8	주말	週末
4	주부	主婦
15	주사	注射
15	주사를 맞다	注射を打つ
4	중국	中国
4	중국어	中国語
4	중국인	中国人
3	지갑	財布
8	지금	今
13	지난	先の、前の、去る
13	지난달	先月
13	지난주	先週
2	지우개	消しゴム
4	직업	職業
13	진짜	本当に
3	집	家
14	짜다	しょっぱい
14	짜장면(자장면)	ジャージャー麺
11	짧다	短い
2	찌개	チゲ（韓国の鍋料理）
10	(사진을) 찍다	(写真を)撮る

ㅊ

2	차	車／茶

14	차갑다	冷たい
3	참외	マクワウリ
2	채소	野菜
4	책	本
5	책상	机
10	천	千（1,000）
11	청바지	ブルージーンズ、ジーパン
9	청소	掃除
15	춥다	寒い
12	취미	趣味
10	층	層
12	치다	弾く、叩く、打つ
2	치마	スカート
4	친구	友、友人
10	칠	七（7）
5	침대	ベッド、寝台

ㅋ

2	카드	カード
2	카메라	カメラ
6	카페	カフェ
7	캔	缶
2	커피	コーヒー
5	컴퓨터	パソコン、コンピュータ
3	컵	コップ、カップ
13	케이크	ケーキ
2	코	鼻
2	코트	コート
7	콜라	コーラ
11	크다	大きい
3	키	背、身長

ㅌ

9	타다	乗る、乗り込む
4	태국	タイ
9	태권도	テコンドー
15	태풍	台風
12	테니스	テニス
12	테니스를 치다	テニスをする
5	텔레비전	テレビ
2	토마토	トマト
8	토요일	土曜日
15	퇴원하다	退院する
2	티셔츠	Tシャツ

ㅍ

3	팔	腕
10	팔	八（8）
9	팔다	売る
10	페이지	ページ
6	편의점	コンビニ
9	편지	手紙
8	평일	平日
2	포도	ぶどう
4	프랑스	フランス
15	(꽃이) 피다	(花が) 咲く
7	필통	筆箱

ㅎ

7	-하고	～と
7	하나(한)	1つ
8	하다	する
12	하지만	しかし
6	학교	学校
10	학년	学年
4	학생	学生
7	한(하나)	1つ
13	한가하다	暇がある、忙しくない
4	한국	韓国
4	한국말	韓国語
4	한국어	韓国語
4	한국인	韓国人
5	할머니	祖母
5	할아버지	祖父
10	함께	一緒に、共に
3	허리	腰
5	형	兄
7	형제	兄弟
14	호텔	ホテル
8	화요일	火曜日
6	화장실	化粧室、トイレ
2	회사	会社
4	회사원	会社員
7	휴대폰	携帯電話
2	휴지	トイレットペーパー、ちり紙
15	흐리다	曇る
3	흙*	土
11	힘들다	大変だ、苦労する、苦しむ

とくとく韓国語 1

検印
省略

© 2024 年 1 月 30 日　初版発行

著者

李　順蓮
朴　珍姫
金　菊熙

発行者　　　　　　　　　　　　　　　小川　洋一郎
発行所　　　　　　　　　　　　　　　株式会社　朝日出版社
　　　　　　　　　　　　101-0065　東京都千代田区西神田 3-3-5
　　　　　　　　　　　　　　　電話　03-3239-0271/72
　　　　　　　　　　　　　　　振替口座　00140-2-46008
　　　　　　　　　　　　　　　http://www.asahipress.com/
　　　　　　　　　　　　　　　組版 / 剛一　印刷 / 図書印刷

黑龙江

松花江
哈尔滨

内蒙古自治区

长春 吉林

北京市

沈阳

辽宁

朝鲜

韩国

呼和浩特

恒山

渤海

50°

45°

135°

天津市

银川

河北

石家庄

太原

济南 泰山

山西

山东

黄海

35°

日本

陕西

嵩山

郑州

江苏

西安 华山

河南

合肥 南京

太湖

上海市

30°

湖北

武汉

安徽

黄山

杭州

庐山

浙江

鄱阳湖

东海

重庆市

洞庭湖

长沙 江西

南昌

湖南

衡山

福建

福州

贵州

贵阳

台北

北回归线

130°

台湾海峡

广西壮族自治区

台湾

南宁

广东

广州

澳门 香港

25°

20°

南海

海口

海南

0　　400　　800km

110°　　　　115°　　　　120°　　　　125°

誌上体験

中国留学
初級中国語

相原　茂

蘇　紅

朝日出版社

音声ダウンロード

 音声再生アプリ「リスニング・トレーナー」(無料)

朝日出版社開発のアプリ、「リスニング・トレーナー（リストレ）」を使えば、教科書の音声をスマホ、タブレットに簡単にダウンロードできます。どうぞご活用ください。

まずは「リストレ」アプリをダウンロード

▶ App Store はこちら

▶ Google Play はこちら

アプリ【リスニング・トレーナー】の使い方

❶ アプリを開き、「コンテンツを追加」をタップ

❷ QRコードをカメラで読み込む

❸ QRコードが読み取れない場合は、画面上部に 45394 を入力し「Done」をタップします

QRコードは㈱デンソーウェーブの登録商標です

Webストリーミング音声

http://text.asahipress.com/free/ch/245394

まえがき

　今の時代、日本人であれば誰でも、いつでも、どこにでも留学に行ける。ただ残念ながら、経済的な事情で、また、その時間がとれないなどの原因で、留学に行けない人も少なくない。特に、この数年間、新型コロナウイルス感染の影響で、世界中で人の移動や交流などがストップしてしまった。そのため、海外留学もむずかしい状況に陥っている。

　しかし、若い人たちの多くは一度は海外留学を経験したいと望んでいるのではないだろうか。留学することによって、その国・地域の言語を学び、異文化に触れて、新たな知見を得るばかりではなく、多様な人脈を作るとともに、自分に対してさらに自信が持てるようになるに違いない。

　そこで、さまざまな事情によって留学に行けない学生を念頭に置いて、日本にいながらも、中国語の勉強ができ、留学の体験を味わえるテキストを編集することにした。留学に対して期待と興奮に満ちている一方、不安な気持ちを抱く留学生の心情に即して、さまざまな状況を疑似体験してみるのはいかがであろうか。

　テキストの構成は、実際に留学に行く過程と全く同じ設定になっている。国際空港に迎えに来てくれた人との挨拶から始まり、留学手続き、歓迎会、クラス分けテスト、授業風景、留学先の学食、放課後のスポーツ運動、憧れの部活活動など学校内の生活を網羅する一方、学習以外の経験もできる留学のメリットが感じられる場面も多く取り入れた。長城観光、京劇鑑賞、屋台での食事、先生宅への訪問、手料理によるもてなし、病気への対応などを体験し、留学先周辺の魅力的な土地や観光スポットを心ゆくまで楽しんだあと、帰国する。

　これらの内容に加えて、一年生に必要な文法項目もすべて網羅した。実用的でやさしい例文、すぐに使える表現のドリル、日文中訳問題のほか、皆さん自身のこととして答える練習問題を設け、各課にはワンステップとして「語法メモ」も用意した。そのほか、「ハウツー留学気分」をはじめ、豊かなコンテンツをも盛り込んであるので、中国留学先の事情がよくわかるとともに、多彩なイラスト・写真を見るだけでも楽しくなるように編集してある。

　日本にいながらも、中国語を勉強し、中国留学が体験できることを目標とした本書編集の意図が叶い、「中国に留学したいが、現実には難しい」という状況に置かれた方々の一助になれれば幸いである。最後になるが、できることなら、実際に中国に留学することを切にお薦めしたい。

2023年秋　著者

目次

発 音 (1)

　中国語は日本人にもなじみ深い「漢字」で書き表される．漢字は目で理解するにはよいが，肝心の音をはっきりと示してはくれない．音を表すために，表音文字のローマ字を使う．これをピンインという．

1 声調

　　ā　　á　　ǎ　　à

第一声	高く平ら	mā	［妈］
第二声	急激に上昇	má	［麻］
第三声	低くおさえる	mǎ	［马］
第四声	急激に下降	mà	［骂］
軽 声	軽く短く	māma	［妈妈］

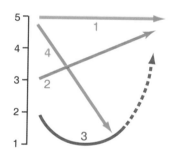

 こうして発声 ── 力の入れ所・抜き所

| 第1声 | 第2声 | 第3声 | 第4声 |

 練習

Māma　mà　mǎ.
妈妈　骂　马。
　S　　V　O

母さん馬をしかる

6

② 単母音

   口を大きくあけて舌を下げ，明るく「アー」を出す.

   日本語の「オ」よりも唇をまるく突き出して発音する.

   oの発音から唇のまるめをとり（舌の位置はそのままで），口をやや左右に開き，のどの奥で「ウ」と言うつもりで.

   子供が「イーッ！」と言う時の「イ」．唇を左右にひく.

   日本語の「ウ」よりも思いきって唇をまるくつきだし，口の奥から声を出す.

   上のuを言う唇の形をして，「イ」を言う．横笛を吹く時の口の形.

   aの口の形をして，上で学んだeを言い，同時に舌先をヒョイとそり上げる．「アル」と二つの音に分かれぬよう.

 練習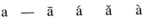

a —	ā	á	ǎ	à		i —	yī	yí	yǐ	yì
o —	ō	ó	ǒ	ò		u —	wū	wú	wǔ	wù
e —	ē	é	ě	è		ü —	yū	yú	yǔ	yù
er —	ēr	ér	ěr	èr						

〈広い〉 〈狭い⇒書き換え〉

③ 複母音

ai とか ei のように, 母音が二つ以上連なっているもの. いずれも「なめらかに」発音する.

	a	o	e	ai	ei	ao	ou
i	ia	╱	ie	╱	╱	iao	iou
u	ua	uo	╱	uai	uei	╱	╱
ü	╱	╱	üe	╱	╱	╱	╱

 三つのタイプ

> 型（しりすぼみ型）　　ai　ei　ao　ou

＞型は初めの音は口の開きが大きく, 後の音は小さく

a　　　i

＜型（発展型）　　ia　ie　ua　uo　üe

＜型は初めの音が口の開きが小さく, 後を大きく

i　　　a

◇型（ひしもち型）　　iao　iou　uai　uei

◇型は, ＜と＞が合体した型

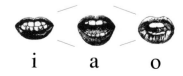

i　　　a　　　o

ai	——	āi	ái	ǎi	ài
ei	——	ēi	éi	ěi	èi
ao	——	āo	áo	ǎo	ào
ou	——	ōu	óu	ǒu	òu
ia	——	yā	yá	yǎ	yà
ie	——	yē	yé	yě	yè
iao	——	yāo	yáo	yǎo	yào
iou	——	yōu	yóu	yǒu	yòu
ua	——	wā	wá	wǎ	wà
uo	——	wō	wó	wǒ	wò
uai	——	wāi	wái	wǎi	wài
uei	——	wēi	wéi	wěi	wèi
üe	——	yuē	yué	yuě	yuè

i, u, ü で
はじまる音節
は書き換える

もうこんなに言える —— 発音できる単語

wǒ		ài		nǐ		S V O
我	+	爱	+	你	=	我爱你。
私		愛する		あなた		私はあなたを愛する.

声調記号をどこにつけるか

(1) a があればのがさずに, → māo　guǎi

(2) a がなければ, e か o をさがし, → xué　duō

(3) i, u が並べば後ろにつけて, → jiǔ　huì

(4) 母音一つは迷わずに. → tì　lù

なお, i につける時は上の点をとって yī, yí, yǐ, yì のように.

練習問題

1 まず順番に発音します．次にどれか一つを発音します．それを_____に書きなさい．

(1) ā á ǎ à ....

(2) ō ó ǒ ò ....

(3) ē é ě è ....

(4) yī yí yǐ yì ....

(5) wū wú wǔ wù ....

(6) yū yú yǔ yù ....

(7) ēr ér ěr èr ....

(8) mā má mǎ mà ....

2 発音を聞いて，声調記号をつけなさい．

(1) a

(2) o

(3) e

(4) yi

(5) wu

(6) yu

(7) er

(8) ma

3 まず順番に発音します．次にどれか一つを発音します．それを_____に書きなさい．

(1) āi ái ǎi ài ....

(2) ēi éi ěi èi ....

(3) āo áo ǎo ào ....

(4) ōu óu ǒu òu ....

(5) yā yá yǎ yà ....

(6) yē yé yě yè ....

(7) yāo yáo yǎo yào ....

(8) yōu yóu yǒu yòu ....

(9) wā wá wǎ wà ....

(10) wō wó wǒ wò ....

(11) wāi wái wǎi wài ....

(12) wēi wéi wěi wèi ....

(13) yuē yué yuě yuè ....

❹ 発音を聞いて，声調記号をつけなさい.

(1) ai　　　(2) ei　　　(3) ao　　　(4) ou　　　(5) ya

(6) ye　　　(7) yao　　　(8) you　　　(9) wa　　　(10) wo

(11) wai　　　(12) wei　　　(13) yue

▶ PHOTOLOG

建設がすすむ地方都市

発 音(2)

　漢字は1字が1音節になっている．下の絵は中国語の音節怪獣「アクハシ」．頭の部分を「声母」といい，首から下を「韻母」という．この課では「声母」，すなわち音節のアタマにくる子音を学ぶ．

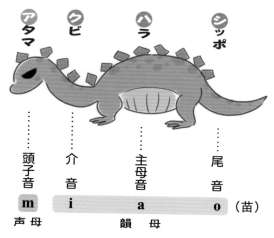

	アタマ	クビ	ハラ	シッポ
	頭子音	介音	主母音	尾音
	m	i	a	o （苗）
	声 母		韻 母	

🎧
11

① 声母表

	〈無気音〉	〈有気音〉	〈鼻音〉	〈摩擦音〉	〈有声音〉
唇　音	b (o)	p (o)	m (o)	f (o)	
舌尖音	d (e)	t (e)	n (e)		l (e)
舌根音	g (e)	k (e)		h (e)	
舌面音	j (i)	q (i)		x (i)	
そり舌音	zh (i)	ch (i)		sh (i)	r (i)
舌歯音	z (i)	c (i)		s (i)	

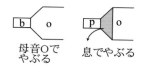

母音○で　　　息でやぶる
やぶる

② 無気音と有気音

b	—	p	bo	po		ba	pa		bao	pao
d	—	t	de	te		da	ta		duo	tuo
g	—	k	ge	ke		gu	ku		gai	kai
j	—	q	ji	qi		ju	qu		jue	que
z	—	c	zi	ci		ze	ce		zao	cao

 üが j, q, x の直後に続く時は，
ü の上の¨をとって u にする．
なお単独では yu と書く.

qu	xu
ju	yu

すぼめの ユ に読む

③ そり舌音

zh (i) ── ch (i)

舌先で上の歯茎をなぞり上げる．硬いところの少し上に，やや深く落ちこんでいるところがある．その境目辺りに舌先を突っかい棒をするようにあてがい，

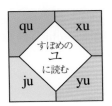

zh は無気音，息を抑えるように「ヂ」
ch は有気音で，息を強く出して「チ」

出っ張り
空間
歯　舌

sh (i) ── r (i)

そり上げた舌を歯茎につけず，少しすき間を残し，そこから息を通す．その時，声帯（のど）を振動させなければ sh「シ」，いきなり声を出して声帯をふるわせれば r「リ゛」.

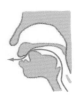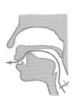

構えて ⇒ 息をため ⇒ 発音 { 無気 zh(i) / 有気 ch(i) }　sh(i)　r(i)

13

練習 (1)

14

zhī　　zhí　　zhǐ　　zhì　……　zhǐ［纸］　紙

chī　　chí　　chǐ　　chì　……　chī［吃］　食べる

shī　　shí　　shǐ　　shì　……　shì［是］　～である

rī　　rí　　rǐ　　rì　……　rì［日］　日

練習 (2)

15

zá［杂］　　zǐ［子］　　cā［擦］　　cǎo［草］　　sū［苏］　　lì［力］

zhá［闸］　zhǐ［纸］　chā［插］　chǎo［炒］　shū［书］　rì［日］

＊上下で練習．下は舌が立っていることを確認

④ 消えるoとe

　複母音の iou, uei が声母と結合して音節を作ると，i\u1d52u, u\u1d49i のように，まん中の母音が弱くなる（ただし，第3声の時はわりあい明瞭に聞こえる）．このため，次のようにoやeを省略して綴る．

l + iou → liu　　　　j + iou → jiu 〈消えるo〉

t + uei → tui　　　　h + uei → hui 〈消えるe〉

i（私）とu（あなた）の間には何かが隠れている！

練習

16

liū　　liú　　liǔ　　liù　……　liù［六］　六

jiū　　jiú　　jiǔ　　jiù　……　jiǔ［九］　九

duī　　duí　　duǐ　　duì　……　duì［对］　正しい

huī　　huí　　huǐ　　huì　……　huí［回］　帰る

⑤ 同じ i でも違う音

$$三つの i \begin{cases} ji \quad qi \quad xi & \cdots\cdots\cdots\ [\,i\,]\ するどい i \\ zhi \quad chi \quad shi \quad ri & \cdots\cdots\cdots\ [\,ʅ\,]\ こもった i \\ zi \quad ci \quad si & \cdots\cdots\cdots\ [\,ɿ\,]\ 平口の i \end{cases}$$

するどい i（愛）　　こもった i（愛）　　平らな i（愛）

◆ **中国語の音節構造**

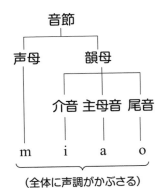

（全体に声調がかぶさる）

音節は大きく「声母」と「韻母」の二つに分けることができる.

「声母」とは音節の頭についている子音.

「韻母」は残りの, 母音を含む部分.

「韻母」のところは少し複雑で, これを「介音」「主母音」「尾音」の三つに分けることができる.

左の図では miao とすべての要素が揃っている.

🌐 PHOTOLOG

田子坊咖啡烘焙

（朝日出版社フォトライブラリーより）

上海人気スポット田子坊のカフェ

1 どちらか一方を発音します．読まれた方を ⋯⋯⋯ に書きなさい．

🎧 18

(1) bō ↔ pō ⋯⋯⋯⋯ (2) dē ↔ tē ⋯⋯⋯⋯ (3) gē ↔ kē ⋯⋯⋯⋯

(4) jī ↔ qī ⋯⋯⋯⋯ (5) zhī ↔ chī ⋯⋯⋯⋯ (6) zī ↔ cī ⋯⋯⋯⋯

(7) dà ↔ tà ⋯⋯⋯⋯ (8) jù ↔ qù ⋯⋯⋯⋯ (9) zǎo ↔ cǎo ⋯⋯⋯⋯

2 まず，順番に発音します．次にどちらかを発音します．それを ⋯⋯⋯ に書きなさい．

🎧 19

(1) zài   cài ⋯⋯⋯⋯ (2) bǎo   pǎo ⋯⋯⋯⋯

(3) duō   tuō ⋯⋯⋯⋯ (4) jià   xià ⋯⋯⋯⋯

(5) sī   shī ⋯⋯⋯⋯ (6) huā   guā ⋯⋯⋯⋯

(7) zī   zū ⋯⋯⋯⋯ (8) chī   chū ⋯⋯⋯⋯

(9) qì   qù ⋯⋯⋯⋯ (10) qī   chī ⋯⋯⋯⋯

3 まず，順番に発音します．次にどれかを発音します．それを ⋯⋯⋯ に書きなさい．

🎧 20

(1) jī   qī   chī ⋯⋯⋯⋯ (2) zhǐ jǐ chǐ ⋯⋯⋯⋯

(3) shū sū cū ⋯⋯⋯⋯ (4) xī   shī xū ⋯⋯⋯⋯

(5) ròu lòu rè ⋯⋯⋯⋯ (6) hēi huī fēi ⋯⋯⋯⋯

(7) cài zài sài ⋯⋯⋯⋯ (8) qǔ   jǔ   xǔ ⋯⋯⋯⋯

(9) sè   shè cè ⋯⋯⋯⋯ (10) tù   dù   kù ⋯⋯⋯⋯

4 1から10までの数を発音します．発音を聞いて声調記号をつけなさい．

一 yi　　　二 er　　　三 san　　　四 si　　　五 wu

六 liu　　　七 qi　　　八 ba　　　九 jiu　　　十 shi

◓ PHOTOLOG

収穫をすませ記念撮影

17

第 **3** 課　 Dì sān kè 　　発　音 (3)

　中国語の韻母には -n や -ng で終わるものがある．例えば，xīn（新）と xīng（星）ではまったく別の語になる．日本語は，-n か -ng かを区別しないが，例えば「アンナイ（案内）」では n が，「アンガイ（案外）」では ng が実際の発音ではあらわれている．口の中の舌の位置に思いを馳せてみよう．

🎧
22

> **1**　**鼻音 (-n, -ng) を伴う母音**

〈介音〉

ゼロ	**an**	**en**	**ang**	**eng**	**ong**
i	**ian** (yan)	**in** (yin)	**iang** (yang)	**ing** (ying)	**iong** (yong)
u	**uan** (wan)	**uen** (wen)	**uang** (wang)	**ueng** (weng)	
ü	**üan** (yuan)	**ün** (yun)			

（　）内は前に子音がつかない時の表記

◆ an と ang

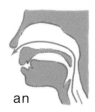

an

ang

　n は舌を上の歯茎に押しつけるようにし，ng は最後は口を開けたまま舌先はどこにもつけない．ng は文字では 2 つだが，[ŋ] という一音だ．母音 a の違いにも気をつけたい．an のときは前寄りの [a] だ．対して ang のときは後寄りの [ɑ] になる．

◆ a 系列と e 系列

〈介音〉

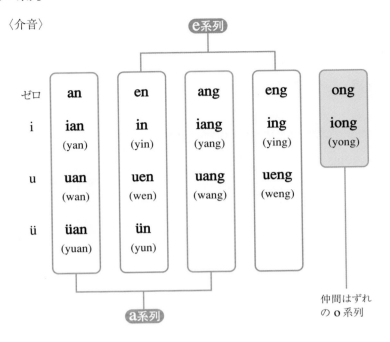

					e系列
ゼロ	**an**	**en**	**ang**	**eng**	**ong**
i	**ian** (yan)	**in** (yin)	**iang** (yang)	**ing** (ying)	**iong** (yong)
u	**uan** (wan)	**uen** (wen)	**uang** (wang)	**ueng** (weng)	
ü	**üan** (yuan)	**ün** (yun)			

a系列

仲間はずれ
の o 系列

◆ ふぞろいな e 系列の秘密

〈介音〉

ゼロ	**en**	**eng**
i	**ien** △	**ieng** △
u	**uen**	**ueng**
ü	**üen** △	

e系列と言うのに，e の音が含まれていないものがあります．しかし本当は e が隠れているのです．

左のように考えると，きれいな e の体系ができました．これで a系列と対等です．△印が隠れている e．

24

発音の
早口
ことば

真　冷，真　冷，真正　冷，
Zhēn lěng, zhēn lěng, zhēnzhèng lěng,

猛　的 一 阵 风，更 冷。
měng de yí zhèn fēng, gèng lěng.

練習

(1) **an ―― ang**

bān ［班］   bāng ［帮］

fàn ［饭］   fàng ［放］

wán ［完］   wáng ［王］

(2) **en ―― eng**

mén ［门］   méng ［萌］

fēn ［分］   fēng ［风］

wēn ［温］   wēng ［翁］

萌

(3) **in ―― ing**

yīn ［因］   yīng ［英］

mín ［民］   míng ［明］

xìn ［信］   xìng ［姓］

yánは［言］なのに
（言えん）だって
イエン

(4) **ian ―― iang**

yán ［言］   yáng ［羊］

qián ［钱］   qiáng ［强］

xiān ［先］   xiāng ［香］

qiánのある者が qiáng
［钱］　　　　［强］

-n か -ng か？

　-n で終わるのか -ng で終わるのか迷うことがありますが，次のような
対応関係を知っておくと便利です.

　　　中国語で　-n　→　日本語漢字音で「－ン」で終わる
　　　　　　　例：山 shān ―― サン　　前 qián ―― ゼン

　　　中国語で　-ng　→　日本語漢字音で「－ウ」または「－イ」で終わる
　　　　　　　例：送 sòng ―― ソウ　　英 yīng ―― エイ

② またしても消える e

uen が声母に続く場合，u^en のようにまん中の母音が弱くなる．このためローマ字綴りでは，次のように，e が消える．

$$k \; + \; uen \; \rightarrow \; kun \qquad c \; + \; uen \; \rightarrow \; cun \quad 〈消える e〉$$

練習

kūn　　kún　　kǔn　　kùn　……　困 kùn （ねむい）

cūn　　cún　　cǔn　　cùn　……　存 cún （たくわえる）

-n と -ng では大違い

(1) fàn 饭　　　　（ご飯）　　　fàng 放　　　　（置く）

(2) yànzi 燕子　（つばめ）　　yàngzi 样子　（様子）

(3) qián 钱　　　（お金）　　　qiáng 强　　　（強い）

(4) rénshēn 人参 （朝鮮人参）　rénshēng 人生 （人生）

PHOTOLOG

農村の嫁入り

第3課

練習問題

1 まず両方を発音します. 次にどちらか一方を発音します. 読まれた方を _____ に書きなさい.

27

(1) shān　[山] やま　　　　shāng　[伤] きず　　　　_____

(2) yán　[盐] しお　　　　yáng　[羊] ひつじ　　　_____

(3) fàn　[饭] ご飯　　　　fàng　[放] 置く　　　　_____

(4) xìn　[信] 手紙　　　　xìng　[姓] 姓　　　　　_____

(5) qián　[钱] お金　　　　qiáng　[强] つよい　　_____

(6) chuán　[船] 船　　　　chuáng　[床] ベッド　_____

(7) dēng　[灯] あかり　　　dōng　[东] 東　　　　_____

(8) nián　[年] とし　　　　niáng　[娘] お母さん　_____

(9) chén　[沉] 重い　　　　chéng　[城] まち　　　_____

2 発音を聞いて空欄に n か ng を伴う母音を書き入れなさい.

28

(1) zh_____　[张]　　　(2) d_____　[邓]　　　(3) sh_____　[双]

(4) x_____　[先]　　　(5) g_____　[干]　　　(6) s_____　[森]

(7) h_____　[黄]　　　(8) ch_____　[船]　　　(参考 26 頁)

3 おなじみの中国語，発音を聞いて，声調記号をつけなさい．

(1) 乌龙茶

<u>wulongcha</u>

(2) 麻婆豆腐

<u>mapo doufu</u>

(3) 熊猫

<u>xiongmao</u>

(4) 上海

<u>Shanghai</u>

◐ PHOTOLOG

南方の古都

第3课

発 音 (4)

Nǐ hǎo. [你好]

こんにちは.

Nǐmen hǎo. [你们好]

みなさんこんにちは.

Nǐ lái le. [你来了]

いらっしゃい.

Qǐngwèn. [请问]

おうかがいしますが.

Xièxie. [谢谢]

ありがとう.

Bú xiè. [不谢]

どういたしまして.

Zàijiàn. [再见]

さようなら.

1 第3声＋第3声 → 第2声＋第3声

変調しても，声調記号はもとの3声のままにしておく.

nǐ hǎo
你 好

yǒuhǎo
友好

shǒubiǎo
手表

うしろと
同じは
イヤです

② bù［不］の声調変化

　否定を表す bù［不］は本来第4声であるが，後に
第4声がくると，bù は第2声に変化する．声調記号
も変化した第2声のマークをつけるのがふつう．

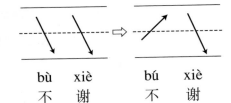

練習

bù + 第1声：bù hē　　［不喝］　飲まない ⎫
bù + 第2声：bù lái　　［不来］　来ない 　⎬ 変化しない
bù + 第3声：bù mǎi　［不买］　買わない ⎭

bù + 第4声：bú pà　　［不怕］　こわくない　→ 第2声に変化

うしろと
同じは
イヤです

33

③ yī［一］の声調変化

　yī［一］は本来第1声 yī であるが，次のように声調変化を起こす．

yī + 第1声：yìqiān　［一千］ ⎫
yī + 第2声：yì nián　［一年］ ⎬ → yì（第4声に）
yī + 第3声：yìbǎi　　［一百］ ⎭

このように第4声となる．ところが後ろに第4声がくると，

yī + 第4声：yí wàn　［一万］　→ yí（第2声に）

うしろと
同じは
イヤです

　序数を表す時は本来の声調 yī が普通：yīyuè　［一月］
　後に何も続かぬ時も本来の声調 yī　：tǒngyī［统一］

後に何か続いても，［一］が前の単位に属するのであれば本来の声調 yī：

tǒngyī zhànxiàn［[统一]战线］　　shíyī suì［[十一]岁］

第4課

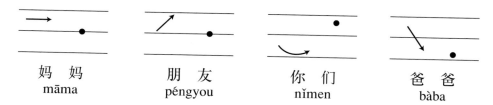

④ 軽声

軽声はそれ自体に決まった高さがなく，前の音節に続けて軽くそえる．

|妈 妈|朋 友|你 们|爸 爸|
|māma|péngyou|nǐmen|bàba|

⑤ 声調の組み合わせ

二つの音節が合わさると，その声調パターンは全部で 20 通り．

	1	2	3	4	0
1	māmā	māmá	māmǎ	māmà	māma
2	mámā	mámá	mámǎ	mámà	máma
3	mǎmā	mǎmá	mǎmǎ	mǎmà	mǎma
4	màmā	màmá	màmǎ	màmà	màma

◆ **声母表**……忘れていませんか

	〈無気音〉	〈有気音〉	〈鼻音〉	〈摩擦音〉	〈有声音〉
唇 音	b (o)	p (o)	m (o)	f (o)	
舌 尖 音	d (e)	t (e)	n (e)		l (e)
舌 根 音	g (e)	k (e)		h (e)	
舌 面 音	j (i)	q (i)		x (i)	
そり舌音	zh (i)	ch (i)		sh (i)	r (i)
舌 歯 音	z (i)	c (i)		s (i)	

練習

具体的な名詞で声調パターンを練習しよう.

	-1	-2	-3	-4	-0
1-	Dōngjīng 东京	Zhōngguó 中国	Xiānggǎng 香港	Shēnzhèn 深圳	māma 妈妈
2-	Táiwān 台湾	Yúnnán 云南	Héběi 河北	Fújiàn 福建	yéye 爷爷
3-	Běijīng 北京	Měiguó 美国	Měnggǔ 蒙古	Wǔhàn 武汉	nǎinai 奶奶
4-	Sìchuān 四川	Guìlín 桂林	Rìběn 日本	Yìndù 印度	bàba 爸爸

云南＝雲南	爷爷＝父方の祖父	美国＝アメリカ	蒙古＝モンゴル
武汉＝武漢	奶奶＝父方の祖母	印度＝インド	爸爸＝お父さん

6 隔音マーク［’］

多音節語で，次の音節が a, o, e ではじまる場合，前の音節との区切りとしてつける.

Xī'ān（西安）　　Tiān'ānmén（天安门）　　jī'è（饥饿）

7 r 化

音節の末尾で舌をそり上げる.

①	huàr 画儿	táor 桃儿	chàng gēr 唱歌儿	（変化なし）
②	wánr 玩儿	guǎiwānr 拐弯儿	yìdiǎnr 一点儿	（-n 脱落）
③	xiǎoháir 小孩儿	gàir 盖儿	wèir 味儿	（複母音の -i 脱落）
④	yǒu kòngr 有空儿	xìnfēngr 信封儿	diànyǐngr 电影儿	（鼻音化）

1 発音を聞いて声調記号をつけなさい. 🎧 39

(1) mama　(2) mama　(3) mama　(4) mama

(5) mama　(6) mama　(7) mama　(8) mama

2 発音を聞いて次の単語に声調記号をつけなさい. 🎧 40

(1) Zhongguo
中国

(2) Riben
日本

(3) Meiguo
美国

(4) Faguo
法国

(5) Beijing
北京

(6) Dongjing
东京

(7) Niuyue
纽约

(8) Bali
巴黎

(9) Aoyunhui
奥运会

3 発音を聞いて軽声, "不"と"一"の声調変化に注意して声調記号をつけなさい. 🎧 41

(1) meimei
（妹妹）

(2) jiejie
（姐姐）

(3) pengyou
（朋友）

(4) nimen
（你们）

(5) bu chi
（不吃）

(6) bu qu
（不去）

(7) bu lai
（不来）

(8) bu mai
（不买）

(9) yibai
（一百）

(10) yi ci
（一次）

(11) yi tian
（一天）

(12) yi nian
（一年）

(13) yiyue
（一月）

(9) tongyi
（统一）

(15) shiyi sui
（十一岁）

4 発音を聞いて声調記号をつけなさい．それを漢字に直し，日本語の意味も書きなさい．

	漢字	意味

(1)　Ni hao.

(2)　Nimen hao.

(3)　Qingwen.

(4)　Xiexie.

(5)　Bu xie.

(6)　Zaijian.

◖ PHOTOLOG

伝統と現代と

🎧 43

Nǐ hǎo.	你好。	こんにちは.（3声連続）
Nǐmen hǎo.	你们好。	みなさんこんにちは.
Nǐ zǎo.	你早。	お早う.（3声連続）
Nǐ lái le.	你来了。	いらっしゃい.
Qǐngwèn.	请问。	おうかがいしますが.
Xièxie.	谢谢。	ありがとう.
Bú xiè.	不谢。	どういたしまして.（bù 変調）
Bié kèqi.	别客气。	ご遠慮なく.
Duìbuqǐ.	对不起。	すみません.（duì は〈消える e〉）
Méi guānxi.	没关系。	なんでもありません.
Qǐng jìn.	请进。	どうぞお入りください.
Qǐng zuò.	请坐。	どうぞおかけください.
Qǐng hē chá.	请喝茶。	お茶をどうぞ.
Nǐ shēntǐ hǎo ma?	你身体好吗？	お元気ですか.（3声連続あり）
Chīfàn le ma?	吃饭了吗？	食事はすみましたか.
Zàijiàn.	再见。	さようなら. （jian の a は i と n にはさまれて…）

中国語学習 基礎 Tips ②

簡体字のはなし

中国語はわたしたちになじみの深い漢字で書き表されます.

しかし,まったく同じかというと,そうでもありません.ところどころ日本の漢字とは形が違います.これは簡体字("简体字")と呼ばれ,簡略化された文字です.すっきり単純になり,読みやすく,書きやすく,覚えやすくなりました.これは俗字や略字ではなく,中国語を表記する正式な字体です.

中国では1955年,漢字の改革,すなわち文字改革がすすめられ,異体字の整理や漢字の簡略化が行われました.その結果が,みなさんが今学んでいる簡体字による正書法なのです.

● 漢字簡略化の方式

(1) もとの字形の一部を残す

 虫〔蟲〕 灭〔滅〕 亩〔畝〕 习〔習〕 丽〔麗〕

(2) もとの字形の特徴や輪郭を残す

 飞〔飛〕 齐〔齊〕 夺〔奪〕 齿〔齒〕

(3) 草書体の楷書化

 书〔書〕 东〔東〕 长〔長〕 为〔爲〕 乐〔樂〕

(4) 複雑な偏旁を単純な符号化する

 师〔師〕 归〔歸〕 难〔難〕 邓〔鄧〕 观〔觀〕

(5) 同音の字で代替する

 丑〔醜〕 谷〔穀〕 迁〔遷〕 后〔後〕 出〔齣〕

(6) 会意文字の原理を利用する

 尘〔塵〕 泪〔涙〕 体〔體〕 灶〔竈〕

(7) 画数の少ない古字,旧体字を採用する

 尔〔爾〕 礼〔禮〕 云〔雲〕 电〔電〕

(8) 形声文字の原理を利用する

 肤〔膚〕 护〔護〕 惊〔驚〕 邮〔郵〕

> スッキリしたね

學習	→	学习
身體	→	身体
開門	→	开门
鳥龜	→	鸟龟

● どこが違う?日中似たもの漢字

日本の漢字と中国の"简体字"では,形のはっきり違う「書」と"书",「機」と"机"などのほかに,一見同じに見えるものや,よく似た形のものがあります.

●:	圧	団	差	浅	角	歩	骨	敢	免	収	牙	強	効	巻	鼻
☆:	压	团	差	浅	角	步	骨	敢	免	收	牙	强	效	卷	鼻

第 5 课
Dì wǔ kè

北京国際空港に到着

アジア最大の面積を誇る北京大興国際空港

新出単語 1

🎧 44

1. 是 shì 　動 ～だ，～である
2. 叫 jiào 　動 ～と呼ぶ，～と称する
3. 今年 jīnnián 　名 今年
4. 大二 dà èr 　組 大学2年生
5. 请 qǐng 　動 どうぞ～してください
6. 多 duō 　形 多い，たくさん
7. 关照 guānzhào 　動 面倒をみる
8. 不客气 bú kèqi 　組 どういたしまして
9. 走 zǒu 　動 歩く，行く
10. 吧 ba 　助 ～しましょう
11. 的 de 　助 ～の
12. 专业 zhuānyè 　名 専門，専攻
13. 什么 shénme 　代 何，どんな
14. 中国 Zhōngguó 　固 中国
15. 文学 wénxué 　名 文学
16. 呢 ne 　助 ～は（どうですか）
17. 也 yě 　副 ～も
18. 喜欢 xǐhuan 　動 好く，好む
19. 杜甫 Dù Fǔ 　固 杜甫

登場人物　松下纯子 Sōngxià Chúnzǐ ——日本人留学生
　　　　　陈倩 Chén Qiàn ——中国人大学生

45

第 5 课

松下：你　好！　我　是　松下　纯子。
　　　Nǐ　hǎo!　Wǒ　shì　Sōngxià　Chúnzǐ.

陈倩：我　叫　陈　倩。　今年　大　二。
　　　Wǒ　jiào　Chén　Qiàn.　Jīnnián　dà　èr.

松下：请　多多　关照。
　　　Qǐng　duōduō　guānzhào.

陈倩：不　客气。　我们　走　吧。
　　　Bú　kèqi.　Wǒmen　zǒu　ba.

松下：你　的　专业　是　什么？
　　　Nǐ　de　zhuānyè　shì　shénme?

陈倩：中国　文学。　你　呢？
　　　Zhōngguó　wénxué.　Nǐ　ne?

松下：我　也　是　中国　文学，　我　喜欢　杜甫。
　　　Wǒ　yě　shì　Zhōngguó　wénxué,　wǒ　xǐhuan　Dù Fǔ.

語法 Memo

◆**形容詞の重ね型**

一部の形容詞は重ねる用法があり，単音節形容詞を重ねて副詞として使う場合がある。

好好学习 hǎohǎo xuéxí〈より一層勉強しよう〉　轻轻拿起 qīngqīng náqǐ〈そっと持ち上げる〉

远远看见 yuǎnyuǎn kànjiàn〈遠くから見える〉　慢慢吃 mànmàn chī〈ゆっくり食べる〉

请您多多指教。Qǐng nín duōduō zhǐjiào.〈いろいろとご指導ください〉

① 人称代名詞

🎧 47

	単数	複数
一人称	我 wǒ （私）	我们 wǒmen （私たち） 咱们 zánmen （私たち）
二人称	你 nǐ （あなた） 您 nín （あなた）	你们 nǐmen （あなたたち）
三人称	他 tā （彼） 她 tā （彼女） 它 tā （それ）	他们 tāmen （彼ら） 她们 tāmen （彼女ら） 它们 tāmen （それら）

🔊 "您"は"你"の丁寧語。"咱们"は聞き手も含めた「私たち」。

🔊 男女が混ざっている場合も"他们"を使う。

② 名前の言い方と答え方

🎧 48

名字（姓）だけを尋ねるとき

您贵姓？　　　　　Nín guìxìng?

——我姓山田。　　Wǒ xìng Shāntián.

フルネームを尋ねるとき

你叫什么名字？　　Nǐ jiào shénme míngzi?

——我叫周玲玉。　Wǒ jiào Zhōu Língyù.

③ 動詞述語文

🎧 49

主語＋動詞＋（目的語）　〈～は（～を）～する〉　SVO型

否定は動詞の前に"不"を置く。文末に"吗"を置くと「"吗"疑問文」になる。

我学汉语。　　　　Wǒ xué Hànyǔ.

我不喝红茶。　　　Wǒ bù hē hóngchá.

你是中国人吗？　　Nǐ shì Zhōngguórén ma?

——不，我不是中国人，我是日本人。

　　　　Bù, wǒ bú shì Zhōngguórén, wǒ shì Rìběnrén.

第5課

1 発音を聞いて，文を繰り返し，次に青字の語句を@，ⓑに置き換えて練習しなさい。

1. 我的专业是 英语 ，你呢？　　　Wǒ de zhuānyè shì Yīngyǔ, nǐ ne?

　——我的专业是法律。　　　　　Wǒ de zhuānyè shì fǎlǜ.

> @ 经济 jīngjì
> ⓑ 中国文学 Zhōngguó wénxué

2. 你是 中国人 吗？　　　　　　Nǐ shì Zhōngguórén ma?

　——我不是 中国人 ，我是日本人。　Wǒ bú shì Zhōngguórén, wǒ shì Rìběnrén.

> @ 美国人 Měiguórén
> ⓑ 韩国人 Hánguórén

51

新出単語 2

1	贵姓 guìxìng	图お名前（姓を尋ねる）
2	姓 xìng	動という姓である
3	名字 míngzi	图名前
4	学 xué	動学習する，学ぶ
5	汉语 Hànyǔ	固中国語
6	不 bù	副〜しない，〜でない
7	喝 hē	動飲む
8	红茶 hóngchá	图紅茶

9	中国人 Zhōngguórén	固中国人
10	吗 ma	助〜か
11	日本人 Rìběnrén	固日本人
12	英语 Yīngyǔ	固英語
13	法律 fǎlǜ	图法律
14	经济 jīngjì	图経済
15	美国人 Měiguórén	固アメリカ人
16	韩国人 Hánguórén	固韓国人

1 次のピンインを簡体字に直しなさい。

1. Sōngxià Chúnzǐ shì Rìběnrén.

_____

2. Tā bú shì Zhōngguórén.

_____

3. Qǐng duōduō guānzhào.

_____

2 実際に基づき，次の質問にピンインで答えなさい。

1. Nǐ shì Rìběnrén ma?

_____

2. Nǐ de zhuānyè shì shénme?

_____

3. Nǐ xǐhuan hē hóngchá ma?

_____

3 次の日本語を中国語に訳しなさい。（簡体字とピンインで）

1. 私は日本人ではなく，中国人です。

　　簡体字 _____

　　ピンイン _____

2. 私の専攻は英語です。

　　簡体字 _____

　　ピンイン _____

3. 私は今年大学一年生です。

　　簡体字 _____

　　ピンイン _____

第5課

練習問題

コミュニケーション

WeChat に登録しよう

中国でよく使われる SNS に WeChat（微信）があり、中国人から"告诉我一下你的微信吧。Gàosu wǒ yíxià nǐ de Wēixìn ba.（君の WeChat を教えて）"と言われることもあるでしょう。WeChat は中国で開発され、無料のチャットや音声通話、ビデオ通話のほか、キャッシュレス決済にも対応しています。日本でも登録できるので、事前にアカウントを作っておくのもおすすめです。

語学

HSK にチャレンジしてみよう

HSK は"汉语水平考试 Hànyǔ Shuǐpíng Kǎoshì"の略称で、中国教育部の直属機関が主催する中国語検定試験です。英語の TOEFL のように世界基準として用いられ、120 近くの国と地域で開催されています。筆記試験は 1 級から 6 級で、数字が上がるほどレベルが高く、上の級では作文なども課されます。また、口語試験は「初級」「中級」「上級」で、級によって「復唱」「要約」「朗読」などの問題があります。内容については日本版の公式サイトにも説明がありますし、級ごとの問題集やテキストを書店で見比べてみるのも良いかもしれません。定期的にチャレンジすることで、自分の今の実力を客観的に確認することができますよ。

COLUMN

🌿 **コラム5　お辞儀と握手**

留学前ミニ 知 識

人と会ってあいさつを交わす。日本はお辞儀だが中国は握手だ。日本人には握手の習慣はない。
それでも、空港などで握手で出迎えられると、「ここは中国」とばかり、握手を返す。
だが慣れていない握手、いささか心もとない。
これではならじと言葉を添える「请多多关照。」「どうぞよろしくお願いいたします」の中国語だ。
容易に「日本式」から離れられない。こういう「異文化」現象を観察することにも留学は絶好のチャンスだ。

第 **6** 课
Dì liù kè

宿舍に入る

北京大学留学生宿舍

新出単語 1

54

1	房间 fángjiān	名 部屋
2	真 zhēn	副 本当に
3	大 dà	形 大きい
4	有 yǒu	動 ある，いる
5	桌子 zhuōzi	名 テーブル
6	椅子 yǐzi	名 椅子
7	电视 diànshì	名 テレビ
8	电热壶 diànrèhú	名 電気ポット
9	还 hái	副 さらに

10	张 zhāng	量 平面を持つものを数える，～枚
11	北京 Běijīng	固 北京
12	地图 dìtú	名 地図
13	王府井 Wángfǔjǐng	固 王府井（地名）
14	在 zài	動 ある，いる
15	大学 dàxué	名 大学
16	家 jiā	名 家
17	西单 Xīdān	固 西单（地名）
18	附近 fùjìn	名 付近，近辺

本 文

55

登場人物　松下纯子 Sōngxià Chúnzǐ ——日本人留学生
　　　　　陈倩 Chén Qiàn ——中国人大学生

陈倩：　这 是 你 的 房间。
　　　　Zhè shì nǐ de fángjiān.

松下：　真 大！有 桌子、椅子、电视、电热壶……
　　　　Zhēn dà! Yǒu zhuōzi、 yǐzi、 diànshì、 diànrèhú ……

陈倩：　还 有 一 张 北京 地图。
　　　　Hái yǒu yì zhāng Běijīng dìtú.

松下：　王府井 在 这儿。
　　　　Wángfǔjǐng zài zhèr.

陈倩：　我们 大学 在 这儿。
　　　　Wǒmen dàxué zài zhèr.

松下：　你 家 在 哪儿？
　　　　Nǐ jiā zài nǎr?

陈倩：　我 家 在 西单 附近。
　　　　Wǒ jiā zài Xīdān fùjìn.

語法 Memo

56

◆ "在"構文と"有"構文を比較してみる

钱在钱包里。　　　⇔　　钱包里有钱。
Qián zài qiánbāo li.　　Qiánbāo li yǒu qián.

课本在课桌上。　　⇔　　课桌上有课本。
Kèběn zài kèzhuō shang.　Kèzhuō shang yǒu kèběn.

佐藤在教室里。　　⇔　　×教室里有佐藤。
Zuǒténg zài jiàoshì li.

"有"構文で存在するモノは多く不特定のもので，"在"構文で存在するモノ（＝主語）は話題になっているか，あるいは誰でも知っている特定のものに限られる。"佐藤"は特定の人であるから，"有"の後ろにはこない。

① 指示代名詞と場所代名詞
57

指示 代名詞	这 zhè (この，その。これ，それ)	那 nà (その，あの。それ，あれ)	哪 nǎ (どれ，どの)
	这个 zhège (zhèige) (この，その。これ，それ)	那个 nàge (nèige) (その，あの。それ，あれ)	哪个 nǎge (něige) (どれ，どの。どちら，どちらの)
場所 代名詞	这儿 zhèr / 这里 zhèli (ここ，そこ)	那儿 nàr / 那里 nàli (そこ，あそこ)	哪儿 nǎr / 哪里 nǎli (どこ)

🔍 "哪里" nǎli は náli と読む

② 存在を表す"有"と"在"
58

| 場所＋"有"＋人・モノ | 〈～に～がいる。～に～がある〉 否定は"没有"。 |

这儿有星巴克。　　　　　Zhèr yǒu Xīngbākè.

我家附近没有银行。　　　Wǒ jiā fùjìn méiyǒu yínháng.

哪儿有便利店？　　　　　Nǎr yǒu biànlìdiàn?

| 人・モノ＋"在"＋場所 | 〈～は～にいる。～は～にある〉 否定は"不在"。 |

松下在教室里。　　　　　Sōngxià zài jiàoshì li.

他家不在东京，在大阪。　Tā jiā bú zài Dōngjīng, zài Dàbǎn.

③ "的"
59

| 名詞・代名詞＋"的"＋名詞 | 〈～の〉 |

这是我的书包。　　　Zhè shì wǒ de shūbāo.

那是你的课本吗？　　Nà shì nǐ de kèběn ma?

　　——那不是我的。　Nà bú shì wǒ de.

次の場合，ふつう"的"を省略できる。

Ⅰ 代名詞の後に親族・所属・人間関係を表す名詞がくるとき。

我爸爸 wǒ bàba　　　我们大学 wǒmen dàxué　　　他家 tā jiā　　　你朋友 nǐ péngyou

Ⅱ 国籍・言語などの熟語化した言葉。

中国老师 Zhōngguó lǎoshī　　　汉语词典 Hànyǔ cídiǎn　　　日本历史 Rìběn lìshǐ

ドリル

1 発音を聞いて，文を繰り返し，次に青字の語句を ⓐ，ⓑ に置き換えて練習しなさい。

1. 哪儿有 洗衣店 ？   Nǎr yǒu xǐyīdiàn?

    ——前面就有。   Qiánmian jiù yǒu.

ⓐ 银行 yínháng
ⓑ 邮局 yóujú

2. 图书馆 在哪儿?   Túshūguǎn zài nǎr?

    —— 图书馆 在那儿。   Túshūguǎn zài nàr.

ⓐ 洗手间 xǐshǒujiān
ⓑ 学生食堂 xuéshēng shítáng

61

新出単語 2

1	星巴克 Xīngbākè 固 スターバックス		11	老师 lǎoshī 名先生
2	没有 méiyǒu 副 ない		12	词典 cídiǎn 名辞書
3	银行 yínháng 名銀行		13	历史 lìshǐ 名歴史
4	便利店 biànlìdiàn 名コンビニ		14	洗衣店 xǐyīdiàn 名クリーニング店
5	教室 jiàoshì 名教室		15	前面 qiánmian 名前，前面
6	里 li 名～の中，～の内側		16	就 jiù 副まさしく，まさに
7	书包 shūbāo 名鞄		17	邮局 yóujú 名郵便局
8	课本 kèběn 名教科書		18	图书馆 túshūguǎn 名図書館
9	爸爸 bàba 名父，お父さん		19	洗手间 xǐshǒujiān 名お手洗い
10	朋友 péngyou 名友達		20	学生食堂 xuéshēng shítáng 名学食

練習問題

🎧 62 **1** 次のピンインを簡体字に直しなさい。

1. Chén Qiàn shì Běijīngrén.

   ....

2. Fángjiān li yǒu yì zhāng Běijīng dìtú.

   ....

3. Wángfǔjǐng zài Běijīng.

   ....

🎧 63 **2** 実際に基づき，次の質問にピンインで答えなさい。

1. Nǐmen dàxué zài nǎr?

   ....

2. Nǐ zài jiàoshì li ma?

   ....

3. Nǐ de fángjiān li yǒu diànrèhú ma?

   ....

3 次の日本語を中国語に訳しなさい。（簡体字とピンインで）

1. ここにはお手洗いがありません。

   簡体字 ....

   ピンイン ....

2. 学食はあそこです。

   簡体字 ....

   ピンイン ....

3. 私の家は東京にあります。

   簡体字 ....

   ピンイン ....

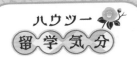

語学

テレビをつけっぱなしにしてみよう

部屋でくつろいでいるときは，テレビをつけておきましょう。画面を見ていなくても，耳を中国語に慣れさせるのは上達への早道です。中国には"体育 tǐyù（スポーツ）"，新聞 xīnwén（ニュース）"，"电视剧 diànshìjù（テレビドラマ）"，"综艺 zōngyì（バラエティー）"などの専門チャンネルがあり，字幕がつくことも多いので語学学習には打ってつけです。つけっぱなしにしておいて，興味のある部分だけ集中的に見てみるのもいいですね。ちなみに「番組」は"节目 jiémù"，「チャンネル」は"频道 píndào"，「生放送」は"直播 zhíbō"，「録画放送」は"录播 lùbō"，「アナウンサー」は"播音员 bōyīnyuán"，「司会者／MC」は"主持人 zhǔchírén"です。

COLUMN

🚢 コラム6　近所迷惑

留学前ミニ知識

中国の町は全体的ににぎやかな雰囲気に包まれている。生活音が多いので，音に対して皆慣れており，あまり違和感がない。電気屋さんの前を通ると客を引き寄せるために大音量の流行歌，街中ではひっきりなしの車のクラクション，団地内で響き渡るダンスの音楽などに対してはあまりうるさいとは感じない。近所付き合いもわりと友好的なのでト

ラブルが起こることはとても少ない。例えばピアノを弾く場合は隣人に声をかけた上で，時間をきちんと守れば近所迷惑にならない。そもそも，近所迷惑という言葉がない。

第 7 课
Dì qī kè

入学手続き，クラス分け

北京大学入学手続き会場

新出単語 1

64

1	东西 dōngxi 名 もの	13	完 wán 動 終わる，終える
2	都 dōu 副 すべて，全部，みんな	14	手续 shǒuxù 名 手続き
3	带来 dàilai 組 持ってくる	15	挺 tǐng 副 けっこう，なかなか
4	了 le 助 完了，変化などを表す	16	顺利 shùnlì 形 順調である
5	看 kàn 動 見る	17	下午 xiàwǔ 名 午後
6	护照 hùzhào 名 パスポート	18	分班 fēn bān 組 クラス分けする
7	和 hé 介 ～と	19	考试 kǎoshì 動 試験する
8	照片 zhàopiàn 名 写真	20	很 hěn 副 とても
9	填 tián 動 記入する，書き込む	21	紧张 jǐnzhāng 形 緊張する
10	一下 yíxià 名 ちょっと	22	不用 búyòng 副 する必要がない
11	表 biǎo 名 表，図表	23	难 nán 形 難しい
12	办 bàn 動 する，処理する	24	加油儿 jiāyóur 動 頑張る

44

本 文

登場人物　松下纯子 Sōngxià Chúnzǐ ——日本人留学生
　　　　　陈倩 Chén Qiàn ——中国人大学生

陈倩：　东西　都　带来　了　吗？
　　　　Dōngxi　dōu　dàilai　le　ma?

松下：　都　带来　了。你　看，护照　和　四　张　照片。
　　　　Dōu　dàilai　le.　Nǐ　kàn,　hùzhào　hé　sì　zhāng　zhàopiàn.

陈倩：　你　填　一下　这　张　表。
　　　　Nǐ　tián　yíxià　zhè　zhāng　biǎo.

　　　　（办完　手续）
　　　　　bànwán　shǒuxù

松下：　手续　办完　了。挺　顺利　的。
　　　　Shǒuxù　bànwán　le.　Tǐng　shùnlì　de.

陈倩：　下午　是　分　班　考试。
　　　　Xiàwǔ　shì　fēn　bān　kǎoshì.

松下：　我　很　紧张。
　　　　Wǒ　hěn　jǐnzhāng.

陈倩：　不用　紧张，不　难。加油儿！
　　　　Búyòng　jǐnzhāng,　bù　nán.　Jiāyóur!

語法 Memo

◆中国語の補語
補語とは動詞や形容詞の後ろに置かれ，それらが表す動作・行為・性状について補充の説明を行う成分である。結果補語は，ある動作が行われ，その結果どうなったかを示す成分である。

听懂 tīngdǒng　聞いて・わかる → 聞き取る　　写错 xiěcuò　書いて・間違える → 書き間違える

看完 kànwán　見て・終わる → 見終わる　　找到 zhǎodào　探して・目標に至る → 探し当てる

第7課

① 形容詞述語文

🎧 67

| 主語 + （副詞） + 形容詞 | 〈～はどうだ〉 |

肯定文は普通，程度を表す副詞 "很" "真" "非常" などを伴う。"很" は強く発音しなければ，〈とても〉の意味がない。否定は形容詞の前に "不" を置く。

今天很暖和。　　　　Jīntiān hěn nuǎnhuo.

你的衣服真漂亮。　　Nǐ de yīfu zhēn piàoliang.

最近忙吗？ Zuìjìn máng ma?　　——不忙。 Bù máng.

程度副詞が伴わない場合は，普通比較，対照の意味を表す。

昨天冷，今天热。　　Zuótiān lěng, jīntiān rè.

这个好，那个不好。　Zhèige hǎo, nèige bù hǎo.

② 文末の "了"

🎧 68

文末の "了" は状況の変化や新しい事態の出現を表す。〈～になった。～した〉。
否定は "没（有）" を動詞または形容詞の前に置き，"了" が消える。

天气暖和了。　　　　Tiānqì nuǎnhuo le.

我是大学生了。　　　Wǒ shì dàxuéshēng le.

你瘦了。　　　　　　Nǐ shòu le.

你吃早饭了吗？　　　Nǐ chī zǎofàn le ma?

　　——我还没吃呢。 Wǒ hái méi chī ne.

③ 結果補語

🎧 69

| 動詞 + 結果補語 |

「結果補語」は動作の結果を表す。文末によく "了" を伴う。
否定は「動詞 + 結果補語」の前に "没（有）" を置き，"了" が消える。

你听懂了吗？　　　Nǐ tīngdǒng le ma?　　——我没听懂。 Wǒ méi tīngdǒng.

汉语课本买到了。　Hànyǔ kèběn mǎidào le.

你的名字我没写错。 Nǐ de míngzi wǒ méi xiěcuò.

70

1 発音を聞いて，文を繰り返し，次に青字の語句を ⓐ，ⓑ に置き換えて練習しなさい。

1. 你最近怎么样？　　　　　　Nǐ zuìjìn zěnmeyàng?

　　——我最近很 好 。　　　　Wǒ zuìjìn hěn hǎo.

> ⓐ 忙 máng
> ⓑ 累 lèi

2. 你的 作业 写完 了吗？　　Nǐ de zuòyè xiěwán le ma?

　　——我的 作业 还没 写完 。　Wǒ de zuòyè hái méi xiěwán.

> ⓐ 手续 shǒuxù / 办完 bànwán
> ⓑ 钥匙 yàoshi / 找到 zhǎodào

71

新出単語	2

1 今天 jīntiān 　名今日	**13** 早饭 zǎofàn 　名朝食
2 暖和 nuǎnhuo 　形暖かい	**14** 还 hái 　副まだ
3 衣服 yīfu 　名衣服	**15** 没 méi 　副～しなかった，（まだ）～していない
4 漂亮 piàoliang 　形きれいだ	**16** 听懂 tīngdǒng 　動聞き取れる
5 最近 zuìjìn 　名最近	**17** 买到 mǎidào 　動買える，手に入れる
6 忙 máng 　形忙しい	**18** 写 xiě 　動書く
7 昨天 zuótiān 　名昨日	**19** 错 cuò 　形間違っている
8 冷 lěng 　形寒い	**20** 怎么样 zěnmeyàng 　代どうですか
9 热 rè 　形暑い	**21** 累 lèi 　形疲れる
10 天气 tiānqì 　名天気	**22** 作业 zuòyè 　名宿題
11 瘦 shòu 　形細い，痩せている	**23** 钥匙 yàoshi 　名カギ
12 吃 chī 　動食べる	**24** 找到 zhǎodào 　動見つける，探し当てる

72 **1** 次のピンインを簡体字に直しなさい。

1. Sōngxià hěn jǐnzhāng.

_____

2. Sōngxià de shǒuxù bànwán le.

_____

3. Dōngxi dōu dàilai le.

_____

73 **2** 実際に基づき，次の質問にピンインで答えなさい。

1. Jīntiān nuǎnhuo ma?

_____

2. Nǐ zuìjìn zěnmeyàng?

_____

3. Lǎoshī de Hànyǔ nǐ tīngdǒng le ma?

_____

3 次の日本語を中国語に訳しなさい。（簡体字とピンインで）

1. 今日は暑くない，昨日は暑かった。

簡体字 _____

ピンイン _____

2. 妹は大学生になりました。（妹妹 mèimei：妹）

簡体字 _____

ピンイン _____

3. 私は宿題をまだやり終えていない。

簡体字 _____

ピンイン _____

行動

街の地図を買ってみよう

中国の地図アプリには"百度地図 Bǎidù Dìtú（バイドゥマップ）"などがありますが，自分が暮らす都市については，"地図冊 dìtúcè（地図帳）"を買ってみましょう。大通りや路地名が書き込まれ，索引には地名，駅名，建物名などのほか，路線図などが詳細に書き込まれています。実は北京市は四国に近い面積があり，城内とされる五環内だけでも東京都や大阪府の1/3ほどの大きさなので，まずはその広さを体感しましょう。地図を片手に気になる場所を散策し，訪れた場所をマークしていくのもいいですね。北京は開発が進み，古い町並みはどんどん姿を消していますが，"胡同 hútòng"と呼ばれる細い路地では，昔ながらの風景に出会えるかもしれません。

COLUMN

🌿 コラム7　歓迎コンパ（その1）

留学前ミニ 知 識

留学してしばらくすれば歓迎コンパを開いてくれるかもしれない。宴が盛り上がれば，歌や漢詩の朗誦などが飛び出すだろう。そこで日本人にも「何かやってくれ」と要求が出るかも知れない。何か一つ二つ用意しておきたい。歌がオーソドックスだが，「歌だけは御容赦を」という人もいるだろう。そういう方に，私はなぞなぞを勧める。中国の幼稚園児が遊ぶレベルのものだ。だが結構難しい。

　　带灯的来得快，带鼓的来得晚。（自然类）

　　为你打我，为我打你，打破你的肚子，流出我的血。（打一动物）

この二つ，ともに対句の形を踏まえていて，そこも中国らしい。

第 8 课
Dì bā kè

誌上体験

授業スタート

北京大学入学式典

新出単語 1

1 第一天 dìyī tiān ［組］初めの日，初日

2 上课 shàngkè
［動］授業を受ける，授業をする，授業に出る

3 感觉 gǎnjué ［名］感覚 ［動］感じる，覚える

4 说 shuō ［動］言う，話す

5 得 de ［助］補語を導く

6 太 tài ［副］大変，極めて，すごく

7 快 kuài ［形］速い

8 觉得 juéde ［動］〜と思う，〜と感じる

9 什么地方 shénme dìfang ［組］どこ

10 最 zuì ［副］最も

11 声调 shēngdiào ［名］声調，四声

12 不过 búguò ［接］しかし，ただし

13 好听 hǎotīng ［形］（聞いて）快い，美しい

14 原因 yuányīn ［名］原因，理由

15 之 zhī ［助］（所属や修飾関係を表す）〜の

登場人物 　松下纯子 Sōngxià Chúnzǐ ——日本人留学生
　　　　　陈倩 Chén Qiàn ——中国人大学生

陈倩： 第一　天　上课，感觉　怎么样？
　　　 Dìyī　tiān　shàngkè,　gǎnjué　zěnmeyàng?

松下： 感觉　老师　说得　太　快。
　　　 Gǎnjué　lǎoshī　shuōde　tài　kuài.

陈倩： 都　听懂　了　吗？
　　　 Dōu　tīngdǒng　le　ma?

松下： 有的　听懂　了，有的　没　听懂。
　　　 Yǒude　tīngdǒng　le,　yǒude　méi　tīngdǒng.

陈倩： 你　觉得　汉语　什么　地方　最　难？
　　　 Nǐ　juéde　Hànyǔ　shénme　dìfang　zuì　nán?

松下： 我　觉得　汉语　的　声调　最　难。
　　　 Wǒ　juéde　Hànyǔ　de　shēngdiào　zuì　nán.

陈倩： 不过　这　也　是　汉语　好听　的　原因　之　一。
　　　 Búguò　zhè　yě　shì　Hànyǔ　hǎotīng　de　yuányīn　zhī　yī.

語法Memo

76

◆様態補語

様態補語は，動作・行為の状態の描写，状況の説明，あるいはそれについての感覚，評価を表す。日本語に訳す場合，動詞部分は訳されない場合もある。

她**长**得很漂亮。　　　Tā zhǎngde hěn piàoliang.　〈彼女はきれいだ〉

暑假**过**得怎么样？　　Shǔjià guòde zěnmeyàng?　〈夏休みはどうでした？〉

你汉语**说**得真棒。　　Nǐ Hànyǔ shuōde zhēn bàng.　〈中国語がお上手ですね〉

① 様態補語 　　🎧77

動詞 +"得"+ 様態補語　〈～するのが～だ〉

你唱得非常好。　　Nǐ chàngde fēicháng hǎo.

弟弟跑得特别快。　　Dìdi pǎode tèbié kuài.

否定は様態補語の前に"不"を置く。

我唱得不好。　　Wǒ chàngde bù hǎo.　　✕ 我不唱得好。

目的語がある場合は動詞を繰り返すが，前の動詞は省略できる。

（動詞 +）目的語 + 同じ動詞 +"得"+ 様態補語

她（说）汉语说得很流利。　　Tā (shuō) Hànyǔ shuōde hěn liúlì.

② "有的…有的…"〈あるもの（人）は～，あるもの（人）は～〉　　🎧78

有的好吃，有的不好吃。　　Yǒude hǎochī, yǒude bù hǎochī.

作业有的难，有的容易。　　Zuòyè yǒude nán, yǒude róngyi.

我们有的喝咖啡，有的喝红茶，有的喝水。
Wǒmen yǒude hē kāfēi, yǒude hē hóngchá, yǒude hē shuǐ.

③ 年齢の尋ね方　　🎧79

"几岁"は 10 歳以下の子供に，"多大"は若者や同年代の人に，"多大年纪""多大岁数"は
お年寄りに用いる。

你女儿几岁了？　　Nǐ nǚ'ér jǐ suì le?

　　——她两岁了。　　Tā liǎng suì le.

你今年多大？　　Nǐ jīnnián duō dà?

　　——我十九岁。　　Wǒ shíjiǔ suì.

您多大年纪了？　　Nín duō dà niánjì le?

　　——我七十八了。　　Wǒ qīshíbā le.

80

1 発音を聞いて，文を繰り返し，次に青字の語句を②，ⓑに置き換えて練習しなさい。

1. 你 英语 说 得怎么样？　　　Nǐ Yīngyǔ shuōde zěnmeyàng?

——我 英语 说 得不太好。　　Wǒ Yīngyǔ shuōde bú tài hǎo.

> ② 网球 wǎngqiú / 打 dǎ
> ⓑ 歌儿 gēr / 唱 chàng

2. 学生食堂的菜怎么样？　　　Xuéshēng shítáng de cài zěnmeyàng?

——有的 好吃 ，有的 不好吃 。　Yǒude hǎochī, yǒude bù hǎochī.

> ② 贵 guì / 便宜 piányi
> ⓑ 多 duō / 少 shǎo

新出単語 2

1 唱 chàng 　動歌う
2 非常 fēicháng 　副非常に
3 弟弟 dìdi 　名弟
4 跑 pǎo 　動走る
5 特别 tèbié 　副特に，ことのほか
6 流利 liúlì 　形流暢だ
7 好吃 hǎochī 　形おいしい
8 容易 róngyi 　形易しい
9 咖啡 kāfēi 　名コーヒー
10 水 shuǐ 　名水
11 女儿 nǚ'ér 　名娘
12 几 jǐ 　代いくつ

13 岁 suì 　量歳
14 多大 duō dà 　組何歳か，どのくらい大きいか
15 年纪 niánjì 　名年齢，年
16 不太 bú tài 　副あまり～ない
17 网球 wǎngqiú 　名テニス
18 打 dǎ 　動（手を使って）遊ぶ，する
19 歌儿 gēr 　名歌
20 菜 cài 　名おかず，料理
21 贵 guì 　形値段が高い
22 便宜 piányi 　形値段が安い
23 多 duō 　形多い
24 少 shǎo 　形少ない

第8课

53

1 次のピンインを簡体字に直しなさい。

1. Nǐ Yīngyǔ shuōde hěn liúlì.

_____

2. Yǒude hǎo, yǒude bù hǎo.

_____

3. Tā jīnnián liùshibā suì le.

_____

2 実際に基づき，次の質問にピンインで答えなさい。

1. Nǐ pǎode kuài ma?

_____

2. Nǐ jīnnián duō dà?

_____

3. Nǐ juéde Hànyǔ shénme dìfang zuì nán?

_____

3 次の日本語を中国語に訳しなさい。（簡体字とピンインで）

1. 私は走るのが速くない。

　　簡体字 _____

　　ピンイン _____

2. コーヒーを飲む人もいれば，紅茶を飲む人もいる。

　　簡体字 _____

　　ピンイン _____

3. 弟は今年15歳です。

　　簡体字 _____

　　ピンイン _____

コミュニケーション

顔見知りを増やそう

寮の管理人や店員には積極的に挨拶し，相手が暇そうなら軽い雑談をしてみてください。近くのレストランに通い，常連になるのもいいですね。中国では物怖じしないことが大切，勇気を出して "今天真热！Jīntiān zhēn rè!（今日はほんとに暑いね！）" "最近怎么样？Zuìjìn zěnmeyàng?（最近，どう？）" などと声をかけてみましょう。北京には各地から人が集まるので聞き取りが難しいこともありますが，徐々に相手の発音の癖が分かってきます。また，自分の発音が通じなければ，言いたいことを文字で見せてみましょう。きっと正しい発音を教えてもらえますよ。そうして覚えた表現は印象に残りやすいので，語彙も増えていきますね。

COLUMN

🌹 コラム8　　歓迎コンパ（その2）

留学前ミニ 知 識

あるいは「早口言葉」を超スピードでご披露というのも良いかもしれない。中国語では "绕口令" ràokǒulìng というが，すでに本書発音編で学んでいる。早口言葉なら日本にもある。超難  しいが，舌をかみそうな以下をもって，中国人に挑戦してみてはどうか。

　「お八重や，おあやまりなさい。」

さらにこの句で出てくる「お八重」なる人物が格式ある家の女中であろうことがなぜわかるのか，などという文化論にまで話を広げてゆくことも出来，あなたの株が上がるかも。

誌上体験

第9课
Dì jiǔ kè

学食で食事をする

学食にはおいしそうな点心も並ぶ

新出単語 1

84

1. 麻婆豆腐 mápó dòufu 　名 マーボー豆腐

2. 青椒肉丝 qīngjiāo ròusī
　　　名 ピーマンと豚肉の細切り炒め

3. 种类 zhǒnglèi 　名 種類

4. 这么 zhème 　代 こんなに，そんなに

5. 呀 ya 　感 軽い驚き・感嘆を表す

6. 饺子 jiǎozi 　名 餃子

7. 小笼包 xiǎolóngbāo 　名 ショウロンポー

8. 蛋炒饭 dànchǎofàn 　名 卵炒飯

9. 先 xiān 　副 先に，まず

10. 去 qù 　動 行く

11. 买 mǎi 　動 買う

12. 饭票 fànpiào 　名 食券

13. 好的 hǎo de 　組 よろしい，いいですとも

14. 要 yào 　動 欲しい

15. 来 lái 　動 する，やる
　　（具体的な動作を表す動詞の代わりに用いる）

16. 回锅肉 huíguōròu 　名 ホイコーロー

17. 碗 wǎn 　名 碗，腕に入ったものを数える場
　　　合の借用量詞として使われる

18. 米饭 mǐfàn 　名 ご飯

19. 味道 wèidao 　名 味

20. 不错 búcuò 　形 よい，優れている

56

本文

| 登場人物 | 松下纯子 Sōngxià Chúnzǐ ——日本人留学生 |
| | 陈倩 Chén Qiàn ——中国人大学生 |

🎧 85

松下： 麻婆 豆腐，青椒 肉丝……种类 这么 多 呀！
Mápó dòufu, qīngjiāo ròusī …… zhǒnglèi zhème duō ya!

陈倩： 还 有 饺子 和 小笼包。
Hái yǒu jiǎozi hé xiǎolóngbāo.

松下： 我 最 喜欢 吃 蛋炒饭。
Wǒ zuì xǐhuan chī dànchǎofàn.

陈倩： 我们 先 去 买 饭票 吧。
Wǒmen xiān qù mǎi fànpiào ba.

松下： 好 的。 我 要 一 个 蛋炒饭。
Hǎo de. Wǒ yào yí ge dànchǎofàn.

陈倩： 我 来 一 个 回锅肉，一 碗 米饭。
Wǒ lái yí ge huíguōròu, yì wǎn mǐfàn.

松下： 味道 真 不错！
Wèidao zhēn búcuò!

 語法Memo

🎧 86

◆ 連動文

連動文における二つの動詞句の関係は，順序の前後，行動の目的，手段・方法を表すものが多い。

我去图书馆借本书 。 Wǒ qù túshūguǎn jiè běn shū. 〈私は図書館へ本を借りに行く〉

她用英文写小说。 Tā yòng Yīngwén xiě xiǎoshuō. 〈彼女は英語で小説を書く〉

二つの動詞句の主語は同一であることに注意。

① "喜欢"＋動詞句 〈～するのが好き〉　87

我喜欢听韩国音乐。　　Wǒ xǐhuan tīng Hánguó yīnyuè.

她好像不太喜欢学习。　Tā hǎoxiàng bú tài xǐhuan xuéxí.

我爸爸喜欢一边喝啤酒，一边看棒球比赛。
Wǒ bàba xǐhuan yì biān hē píjiǔ, yì biān kàn bàngqiú bǐsài.

② 連動文　88

主語 ＋ 動詞（句）＋ 動詞（句)　①〈～しにいく〉　②〈～で～する〉

一つの主語に二つ以上の動詞句を持つ文を「連動文」という。

「連動文」は動作の行われる順に動詞を並べる。

我去超市买盒饭。　　　Wǒ qù chāoshì mǎi héfàn.

昨天你去打工了没有？　Zuótiān nǐ qù dǎgōng le méiyou?

　──我没去打工。　　Wǒ méi qù dǎgōng.

他用电脑画画儿。　　　Tā yòng diànnǎo huà huàr.

她每天骑车上学。　　　Tā měitiān qíchē shàngxué.

③ 名量詞　89

名詞を数えるときは　数詞 ＋ 量詞 ＋ 名詞　の語順。

一张画 yì zhāng huà　　　（1枚の絵画）　　六台电脑 liù tái diànnǎo　　（6台のパソコン）

两支笔 liǎng zhī bǐ　　　（2本のペン）　　七件衣服 qī jiàn yīfu　　　（7着の洋服）

三个苹果 sān ge píngguǒ　（3個のリンゴ）　八只熊猫 bā zhī xióngmāo　（8頭のパンダ）

四把雨伞 sì bǎ yǔsǎn　　（4本の雨傘）　　九辆汽车 jiǔ liàng qìchē　　（9台の車）

五本词典 wǔ běn cídiǎn　（5冊の辞書）　　十杯咖啡 shí bēi kāfēi　　（10杯のコーヒー）

〈この～，あの～〉というときには　指示詞 ＋ 数詞 ＋ 量詞 ＋ 名詞　の語順。

数詞が"一"の場合は省略することが多い。

那杯咖啡 nà bēi kāfēi　　　（あのコーヒー）

这两双鞋 zhè liǎng shuāng xié （この2足の靴）

1 発音を聞いて，文を繰り返し，次に青字の語句を ⓐ，ⓑに置き換えて練習しなさい。

1. 你喜欢什么运动？　　　　　Nǐ xǐhuan shénme yùndòng?

——我喜欢 打棒球 。　　　　Wǒ xǐhuan dǎ bàngqiú.

ⓐ 踢足球 tī zúqiú

ⓑ 练瑜伽 liàn yújiā

2. 你每天怎么上学？　　　　　Nǐ měitiān zěnme qù shàngxué?

——我每天 骑车 上学。　　　Wǒ měitiān qíchē qù shàngxué.

ⓐ 坐电车 zuò diànchē

ⓑ 乘地铁 chéng dìtiě

| 新出単語 | 2 |

1 音乐 yīnyuè 　名 音楽

2 好像 hǎoxiàng 　副 〜のようだ

3 学习 xuéxí 　動 勉強する，学ぶ

4 一边…一边… yì biān … yì biān …
　　組 〜しながら〜する

5 啤酒 píjiǔ 　名 ビール

6 棒球 bàngqiú 　名 野球

7 比赛 bǐsài 　名 試合

8 超市 chāoshì 　名 スーパーマーケット

9 盒饭 héfàn 　名 弁当

10 打工 dǎgōng 　動 アルバイトをする

11 用 yòng 　動 用いる，使う

12 电脑 diànnǎo 　名 コンピューター，パソコン

13 画画儿 huà huàr 　組 絵を描く

14 每天 měitiān 　名 毎日

15 骑车 qíchē 　動 自転車に乗る

16 上学 shàngxué 　動 通学する

17 运动 yùndòng 　名 スポーツ，運動

18 踢足球 tī zúqiú 　組 サッカーをする

19 练瑜伽 liàn yújiā 　組 ヨガをする

20 怎么 zěnme 　代 どうやって，どうして

21 坐电车 zuò diànchē 　組 電車に乗る

22 乘地铁 chéng dìtiě 　組 地下鉄に乗る

92 **1** 次の簡体字をピンインに直しなさい。

    1. 我喜欢学英语。

      ....

    2. 他去星巴克打工了。

      ....

    3. 我有两本词典。

      ....

93 **2** 実際に基づき，次の質問にピンインで答えなさい。

    1. Nǐ xǐhuan xué Hànyǔ ma?

      ....

    2. Nǐ měitiān zěnme lái dàxué?

      ....

    3. Nǐ jiā yǒu jǐ bǎ yǔsǎn?

      ....

3 次の日本語を中国語に訳しなさい。（簡体字とピンインで）

    1. 私は外国語を勉強するのが好きです。（外语 wàiyǔ：外国語）

      [簡体字] ....

      [ピンイン] ....

    2. 今日新宿へ買い物に行く。（新宿 Xīnsù：新宿，買い物：买东西 mǎi dōngxi）

      [簡体字] ....

      [ピンイン] ....

    3. 私は毎日自転車で通学しています。

      [簡体字] ....

      [ピンイン] ....

行動

交通カードを買おう

北京で生活するなら，交通系ICカードを買いましょう。正式名称は"北京市政交通一卡通 Běijīng Shìzhèng Jiāotōng Yìkǎtōng"ですが，"一卡通"で通じます。駅の窓口などでカードの"押金 yājīn（デポジット）"と"充值 chōngzhí（チャージ）"分を支払い，"我想办一张一卡通。Wǒ xiǎng bàn yí zhāng Yìkǎtōng.（一卡通カードを作りたいです）"と言えば，カードを発行してもらえます。バスや地下鉄（割引あり）のほか，提携しているタクシー，レンタサイクル，店や自動販売機でも利用できます。自動改札やカード読み取り機にカードをタッチすればよく，さらに，専用アプリを使えば，スマートフォンで乗車やチャージも可能です。

COLUMN

🕊 コラム9　　食文化の違い

留学前ミニ知識

日本では寿司や弁当の文化が普及しているので，冷えたご飯を食べるのにも慣れている。けれども中国では温かい食事が基本である。さらに，あまり冷たいものを飲まない人もいる。知らなければ意外と驚く文化かもしれない。

ビールも特に断らなければ常温のぬるめのものが現れることもあるよ。冷たいビールをお望みなら"要冰镇的"yào bīngzhèn de（冷たいやつをね）と一言添えよ

う。そういうわけだから，中国からの客人をおもてなしする場合などは，先方の習慣を知っておくことが大事だね。これからも，一層の好奇心を持って，中国のこと，日本のことに詳しくなっていこう。

第10课
Dì shí kè
誌上体験

課外活動に参加する

南京大学課外ダンスイベント

新出単語 1

94

1 会 huì 【助動】〜できる

2 乒乓球 pīngpāngqiú 【名】卓球

3 一点儿 yìdiǎnr 【数量】少し

4 下课 xiàkè 【動】授業が終わる

5 没事儿 méishìr
　【動】何事もない，大丈夫，たいしたことはない

6 可以 kěyǐ 【助動】〜してもよい

7 教 jiāo 【動】教える

8 爽 shuǎng 【形】気分がよい，心地よい

9 每周 měizhōu 【組】毎週

10 能 néng 【助動】〜できる

11 当然 dāngrán 【副】もちろん，当然

本文

登場人物　松下纯子 Sōngxià Chúnzǐ ——日本人留学生
　　　　　陈倩 Chén Qiàn ——中国人大学生

🎧 95

陈倩：　你　会　打　乒乓球　吗？
　　　　Nǐ　huì　dǎ　pīngpāngqiú　ma?

松下：　会　一点儿。
　　　　Huì　yìdiǎnr.

陈倩：　下了　课　咱们　去　打　乒乓球　吧。
　　　　Xiàle　kè　zánmen　qù　dǎ　pīngpāngqiú　ba.

松下：　我　打得　不　好。
　　　　Wǒ　dǎde　bù　hǎo.

陈倩：　没事儿，我　可以　教　你。
　　　　Méishìr,　wǒ　kěyǐ　jiāo　nǐ.

松下：　今天　打得　真　爽！　每周　都　能　打　吗？
　　　　Jīntiān　dǎde　zhēn　shuǎng!　Měizhōu　dōu　néng　dǎ　ma?

陈倩：　当然，每天　都　能　打。
　　　　Dāngrán,　měitiān　dōu　néng　dǎ.

語法Memo

🎧 96

◆ "能 / 会 / 可以" + 動詞（句）

「"能 / 会 / 可以" + 動詞（句）」で質問のポイントとなるのは動詞ではなくて，"能 / 会 / 可以"である。"他会游泳吗?"という問いに答える場合は"会"または"不会"であり，"游泳"では答えられない。

这儿可以吸烟吗？ Zhèr kěyǐ xīyān ma? 〈ここで煙草を吸ってもいいですか〉

　——可以。Kěyǐ. / 不行。Bùxíng. / 不可以。Bù kěyǐ.

　——〈いいです / だめです / だめです〉

1 助動詞 "会 / 能 / 可以" ＋動詞 (句)
97

"会" は〈(学習や訓練によって) 〜できる〉。否定形は "不会"。

"能" は〈(能力があって，条件を備えていて) 〜できる〉。否定形は "不能"。

"可以" は〈許可を得ていて) 〜できる / 〜してよい〉。否定形は "不能" / "不可以"。"不可以" は禁止のニュアンスが強い。

她不会游泳，我会游泳。	Tā bú huì yóuyǒng, wǒ huì yóuyǒng.
你能游多少米？	Nǐ néng yóu duōshao mǐ?
——我能游 888 米。	Wǒ néng yóu bābǎi bāshibā mǐ.
公共场所不能抽烟。	Gōnggòng chǎngsuǒ bù néng chōuyān.
这儿可以照相吗？ Zhèr kěyǐ zhàoxiàng ma?	——不可以。 Bù kěyǐ.

2 動詞末の "了"
98

動詞 ＋ "了" ＋ 修飾語が付く目的語 〈〜した〉

動作の実現や完了を表す。過去だけでなく，現在や未来にも用いられる。目的語にはよく「数詞＋量詞」などの修飾語がつく。否定は動詞の前に "没 (有)" を置き，"了" と「数詞＋量詞」をとる。動詞末と文末の両方に "了" を用いる場合は，その動作・行為が現時点まで続いていることを表す。

他家养了一只猫，我家没养猫。	Tā jiā yǎngle yì zhī māo, wǒ jiā méi yǎng māo.
我没喝，她喝了三杯。	Wǒ méi hē, tā hēle sān bēi.
明天下了课去看电影吧。	Míngtiān xiàle kè qù kàn diànyǐng ba.
我学了半年汉语了。	Wǒ xuéle bàn nián Hànyǔ le.

3 "都 / 也"
99

"都"〈みな〉と "也"〈〜も〉はどちらも述語の前に置く。

我们都有新课本。	Wǒmen dōu yǒu xīn kèběn.
你们校园也很漂亮。	Nǐmen xiàoyuán yě hěn piàoliang.

"都" と "也" を一緒に用いる場合は "也都"〈〜もみな〉の順になる。

他们也都找到工作了。	Tāmen yě dōu zhǎodào gōngzuò le.

100

第10課

1 発音を聞いて，文を繰り返し，次に青字の語句を@，ⓑに置き換えて練習しなさい。

1. 你今天买什么了？　　　　　　Nǐ jīntiān mǎi shénme le?

——我买了 一件连衣裙 。　　Wǒ mǎile yí jiàn liányīqún.

ⓐ 一双凉鞋 yì shuāng liángxié
ⓑ 两把雨伞 liǎng bǎ yǔsǎn

2. 下了课你打算做什么？　　　　Xiàle kè nǐ dǎsuan zuò shénme?

——我打算去 银座 看画展 。　Wǒ dǎsuan qù Yínzuò kàn huàzhǎn.

ⓐ 台场 Táichǎng / 玩儿 wánr
ⓑ 池袋 Chídài / 吃中国菜 chī Zhōngguócài

🎧 101

新出単語 2

1	游泳 yóuyǒng	動泳ぐ
2	游 yóu	動泳ぐ
3	多少 duōshao	代いくつ，どのくらい
4	米 mǐ	量メートル
5	公共 gōnggòng	形公共の
6	场所 chǎngsuǒ	名場所
7	抽烟 chōuyān	動煙草を吸う
8	照相 zhàoxiàng	動写真を撮る
9	养 yǎng	動飼う，養う
10	猫 māo	名猫
11	明天 míngtiān	名明日
12	电影 diànyǐng	名映画

13	半年 bàn nián	組半年
14	新 xīn	形新しい
15	校园 xiàoyuán	名キャンパス
16	工作 gōngzuò	名仕事，職業
		動働く，勤める，仕事をする
17	连衣裙 liányīqún	名ワンピース
18	凉鞋 liángxié	名サンダル
19	打算 dǎsuan	助動～するつもりである
20	做 zuò	動する，作る
21	画展 huàzhǎn	名絵画展
22	玩儿 wánr	動遊ぶ
23	中国菜 Zhōngguócài	名中華料理

1 次の簡体字をピンインに直しなさい。
102

1. 他会说英语。

_____

2. 我能吃三碗米饭。

_____

3. 我可以教你日语，你能教我汉语吗？（日语 Rìyǔ：日本語）

_____

2 実際に基づき，次の質問にピンインで答えなさい。
103

1. 你会游泳吗？　能游多少米？

_____

2. 你学了多长时间汉语了？（多长时间 duō cháng shíjiān：どのくらいの時間）

_____

3. 今天下了课你打算做什么？

_____

3 次の日本語を中国語に訳しなさい。（簡体字とピンインで）

1. 私はまだ中国語が話せません。

簡体字 _____

ピンイン _____

2. 授業が終わったら新宿へ買い物に行く。

簡体字 _____

ピンイン _____

3. 松下さんは毎日中国語を勉強している。

簡体字 _____

ピンイン _____

コミュニケーション

同世代の友達を作ろう

「漢語進修生（中国語の語学留学生）」の場合，クラスメイトはすべて留学生なので，中国の友人は外で作る必要があります。自分の得意なこと，例えばバスケットゴールで遊んでいるグループに声をかけるなどの方法もありますが，中国語があまり話せないとハードルが高く感じるかもしれません。そこで，日本語科の中国人学生と勉強を教え合う"互相帮助 hùxiāng bāngzhù（相互の助け合い，"互相学习"ともいう）"を試してみるのもおすすめです。お互いに気が合えば，その流れで食事や遊びに行ってみましょう。現地の人々の考えや生活が，より身近に感じられます。相手の友達ともつながりができるなど，そこから人脈が広がっていくかもしれません。

語学

日本の映画を字幕で見てみよう

日本映画の字幕版を，映画館で見てみましょう。日本語がどう翻訳されるのか，音を聞きながら字幕で確認できます。しかも，映画館では携帯の電源を切るので，集中できますね。なお，「映画館」は"电影院 diànyǐngyuàn"，「字幕」は"字幕 zìmù"，「ドキュメンタリー映画」は"记录片 jìlùpiàn"，「SF映画」は"科幻片 kēhuànpiàn"，「アニメーション映画」は"动画片 dònghuàpiàn"です。

COLUMN

留学前ミニ 知識

コラム10　朝の公園

中国のほとんどの都市には何千人も何万人も入れるような大きな公園がいくつかあります。公園には定年した人や仕事をしていない人たちが毎朝集まってきます。広い公園の中にはたくさんのグループがあります。歌や京劇のグループもあれば，音楽を流して太極拳をしたり，踊ったりする人々もいます。いい運動になりますし，友達と会ってお

話をするのも楽しいことです。健康のためにもとてもいいと考えられているので，みんな毎日楽しみに来ています。公園はこういう人たちにとって，なくてはならない存在です。

第11课 Dì shíyī kè

サークルに入る

南京大学放課後の学生たち

新出単語 1

104

1 刚才 gāngcái 名 いましがた，さっき，先ほど

2 在 zài 副 ～している

3 练 liàn 動 練習する

4 书法 shūfǎ 名 書道

5 对 duì 形 正しい，そうだ

5 点 diǎn 量 時間の単位，時

6 开始 kāishǐ 動 開始する，始まる

7 小时 xiǎoshí 名 時間

8 学校 xuéxiào 名 学校

9 书画社 shūhuàshè
　　名 書道と絵画のサークル

10 留学生 liúxuéshēng 名 留学生

11 加入 jiārù
　　動 （メンバーに）加わる，加入する

12 太…了 tài…le 組 とても～だ

13 社团 shètuán 名 サークル

14 合唱团 héchàngtuán 名 合唱団

登場人物　松下纯子 Sōngxià Chúnzǐ ——日本人留学生
　　　　　陈倩 Chén Qiàn ——中国人大学生

🎧 105

陈倩：　刚才　你　在　练　书法　吗？
　　　　Gāngcái　nǐ　zài　liàn　shūfǎ　ma?

松下：　对，我　每天　9点　开始　练，练　一　个　小时。
　　　　Duì，wǒ　měitiān　jiǔ diǎn　kāishǐ　liàn，liàn　yí　ge　xiǎoshí.

陈倩：　咱们　学校　有　书画社。
　　　　Zánmen　xuéxiào　yǒu　shūhuàshè.

松下：　留学生　也　可以　加入　吗？
　　　　Liúxuéshēng　yě　kěyǐ　jiārù　ma?

陈倩：　当然　可以。
　　　　Dāngrán　kěyǐ.

松下：　那　太　好　了！　你　加入了　什么　社团？
　　　　Nà　tài　hǎo　le!　Nǐ　jiārùle　shénme　shètuán?

陈倩：　我　加入了　合唱团，我　喜欢　唱　歌儿。
　　　　Wǒ　jiārùle　héchàngtuán，wǒ　xǐhuan　chàng　gēr.

語法 Memo

🎧 106

◆ 三つの "在"

動詞 〈ある／いる〉	妈妈在家。 Māma zài jiā.	後ろは場所
介詞 〈～で〉	妈妈在家看电视。 Māma zài jiā kàn diànshì.	後ろは場所＋動詞（＋目的語）
副詞 〈～している〉	妈妈在看电视。 Māma zài kàn diànshì.	後ろは動詞（＋目的語）

第11課

① 進行形　107

"在 / 正 / 正在" + 動詞 (句) (+ "呢")　〈～しているところだ〉

動詞の前に副詞 "在" などを用いて，ある行為の進行を表す。文末によく "呢" を伴う。

你在干什么呢？　　　　　　　Nǐ zài gàn shénme ne?

　　——我在看油管儿呢。　　Wǒ zài kàn Yóuguǎnr ne.

他正背课文呢。　　　　　　　Tā zhèng bèi kèwén ne.

同学们正在教室上汉语课。　Tóngxuémen zhèngzài jiàoshì shàng Hànyǔ kè.

② 時点 (時刻) と時量 (時間の長さ)　108

现在几点？ Xiànzài jǐ diǎn?　　——现在两点。Xiànzài liǎng diǎn.

1:05　一点 (零) 五分 yì diǎn (líng) wǔ fēn　　　2:15　两点一刻 liǎng diǎn yí kè

3:30　三点半 sān diǎn bàn　　　　　　　　　4:45　四点三刻 sì diǎn sān kè

7:55　差五分八点 chà wǔ fēn bā diǎn

两分钟 liǎng fēnzhōng　（2分間）　　　一刻钟 yí kè zhōng　（15分間）

半个小时 bàn ge xiǎoshí　（30分間）　两个小时 liǎng ge xiǎoshí　（2時間）

三个星期 sān ge xīngqī　（3週間）　　四个月 sì ge yuè　（4か月間）

五天 wǔ tiān　（5日間）　　　　　　六年 liù nián　（6年間）

③ 時量補語　109

動詞 (+ "了") + 時量補語 (+ 目的語)　〈どれくらい (～) する (／した)〉

動作や状態の継続時間を表す。

你学了多长时间？　　　　　Nǐ xuéle duō cháng shíjiān?

　　——我学了三个半小时。　Wǒ xuéle sān ge bàn xiǎoshí.

時点 (時刻など) は動詞の前に置くが，時量 (時間の長さ) は動詞の後に置く。

我 7 点去打工，打两个小时。　Wǒ qī diǎn qù dǎgōng, dǎ liǎng ge xiǎoshí.

目的語は時量補語の後に置く。

我们都学了六年英语。　　　Wǒmen dōu xuéle liù nián Yīngyǔ.

我每天看三个小时手机。　　Wǒ měitiān kàn sān ge xiǎoshí shǒujī.

1 　発音を聞いて，文を繰り返し，次に青字の語句を ⓐ，ⓑ に置き換えて練習しなさい。

1.　喂，你在干什么呢？　　　　　Wéi, nǐ zài gàn shénme ne?

　　——我正在 看油管儿 呢。有事吗？　Wǒ zhèngzài kàn Yóuguǎnr ne. Yǒu shì ma?

　ⓐ 玩儿游戏 wánr yóuxì

　ⓑ 查资料 chá zīliào

2.　你昨晚念了多长时间汉语？　　　Nǐ zuówǎn niànle duō cháng shíjiān Hànyǔ?

　　——我昨晚念了 一个半小时 汉语。　Wǒ zuówǎn niànle yí ge bàn xiǎoshí Hànyǔ.

　ⓐ 两个小时 liǎng ge xiǎoshí

　ⓑ 30分钟 sānshí fēnzhōng

🎧 111

新出単語 2

1 干 gàn 　動 する，やる	**11** 时间 shíjiān 　名 時間，時
2 呢 ne 　助 疑問の語気を強める	**12** 手机 shǒujī 　名 携帯電話
3 油管儿 Yóuguǎnr 　固 YouTube	**13** 喂 wéi 　感 もしもし
4 正 zhèng 　副 ちょうど（〜しているところである）	**14** 有事 yǒu shì 　組 用がある
5 背 bèi 　動 暗誦する	**15** 游戏 yóuxì 　名 ゲーム
6 课文 kèwén 　名 教科書の本文	**16** 查 chá 　動 調べる
7 同学 tóngxué 　名 クラスメート	**17** 资料 zīliào 　名 資料
8 正在 zhèngzài 　副 ちょうど，いま	**18** 昨晚 zuówǎn 　名 昨晩
9 现在 xiànzài 　名 現在，いま	**19** 念 niàn 　動 音読する
10 多长 duō cháng 　組 どのくらい長い，どれほど長い	

第11課

🎧112 **1** 次の簡体字をピンインに直しなさい。

1. 刚才我在打乒乓球。

　　_____

2. 我每周练一个小时书法。

　　_____

3. 他6点去打工，打三个小时。

　　_____

🎧113 **2** 実際に基づき，次の質問にピンインで答えなさい。

1. 你们在干什么呢？

　　_____

2. 昨晚9点你在干什么呢？

　　_____

3. 你今天看了多长时间手机了？

　　_____

3 次の日本語を中国語に訳しなさい。（簡体字とピンインで）

1. 私は今，日の出を見ている。（日出 rìchū：日の出）

　　簡体字 _____

　　ピンイン _____

2. 弟は家でゲームをしている。

　　簡体字 _____

　　ピンイン _____

3. 私は今日授業を6時間受けました。

　　簡体字 _____

　　ピンイン _____

語学

辞書を揃えよう

英語学習者が英英辞典を使うように，留学したら中国で出版されている中国語の辞書を買いましょう。最も権威があるのは商務印書館の"《现代汉语词典》Xiàndài Hànyǔ Cídiǎn（『現代漢語詞典』）"で，これはぜひ1冊持っておきましょう。ほかにおすすめとして，ポケット版の小辞典シリーズがあります。"成语 chéngyǔ（成語）""惯用语 guànyòngyǔ（慣用語）""歇后语 xiēhòuyǔ（しゃれ言葉，なぞかけ言葉）"などを揃え，調べたら線を引くなどして覚えていきましょう。これらが使えると表現力に差が出ます。中には"百闻不如一见 bǎi wén bù rú yí jiàn（百聞は一見に如かず）"のように日本語でおなじみのものもあり，なかなか興味深いですよ。

生活

銀行口座を開設しよう

中国に1年以上滞在するなら，主要銀行で口座を開設しましょう。「中国銀行」「中国農業銀行」「中国建設銀行」「中国工商銀行」が四大商業銀行で，銀行口座があればキャッシュレス決済のアプリに紐付けられます。ちなみに，「口座を開く」は"开账户 kāi zhànghù"，「銀行のカード」は"银行卡 yínhángkǎ"，「口座番号」は"账号 zhànghào"，「暗証番号」は"密码 mìmǎ"です。

COLUMN

🛫 コラム 11　遅刻の言い訳

留学前ミニ 知 識

中国人が遅刻する。待ち合わせ場所に急ぎながら頭の中では必死に言い訳を考える。日本人は一言「ごめん」と言ってもいい，早く今日の活動に移りたい。それなのに「実は…」と，こと細かく言い訳を始める中国人にいらつく。中国人にしてみれば，決してあなたの面子をつぶすような理由で遅れたのではないと一生懸命説明しているのに，なぜ怒り出すのかわからない。

上海華東師範大学のカフェテラス

誌上体験

第 **12** 课
Dì shí'èr kè

WeChat で長城へ行こうと誘う

一度は訪れてみたい万里の長城

新出単語 **1**

🎧
114

1. 周六 zhōuliù 名土曜日
2. 想 xiǎng 助動〜したい
3. 登 dēng 動登る
4. 长城 Chángchéng 固万里の長城
5. 出发 chūfā 動出発する
6. 上午 shàngwǔ 名午前
7. 没问题 méi wèntí 組大丈夫だ
8. 坐 zuò 動乗る
9. 直通车 zhítōngchē 名直通バス

10. 巴士达 Bāshìdá
固BUSDA（中国の観光バスのブランド）
11. 到 dào 動到着する
12. 要 yào 助動〜するつもりだ，〜しようと思う
13. 照 zhào 動写真を撮る
14. 好多 hǎoduō 数数が多いことを表す
15. 照片 zhàopiàn 名写真
16. 包在我身上 bāozài wǒ shēnshang
組お任せください

本 文

登場人物　松下纯子 Sōngxià Chúnzǐ ——日本人留学生

陈倩 Chén Qiàn ——中国人大学生

115

陈倩：
在　吗？
Zài　ma?

明天　周六，想　不　想　去　登　长城？
Míngtiān zhōuliù, xiǎng bu xiǎng qù dēng Chángchéng?

松下：
太　想　了！几　点　出发？
Tài xiǎng le! Jǐ diǎn chūfā?

陈倩：
上午　8 点　怎么样？
Shàngwǔ bā diǎn zěnmeyàng?

松下：
没　问题。咱们　怎么　去？
Méi wèntí. Zánmen zěnme qù?

陈倩：
坐　直通车　"巴士达"　去。
Zuò zhítōngchē "Bāshìdá" qù.

松下：
到了　长城，我　要　照　好多　好多　照片。
Dàole Chángchéng, wǒ yào zhào hǎoduō hǎoduō zhàopiàn.

陈倩：
没　问题，包在　我　身上。
Méi wèntí, bāozài wǒ shēnshang.

語法 Memo

116

◆四種の疑問文

諾否疑問文	你是北京人吗？	（文末に"吗"を使う。"是 / 不是"で答えられる）
反復疑問文	你是不是北京人？	（文末に"吗"は使わないが，"是 / 不是"で答えられる）
選択疑問文	你是北京人还是四川人？	（選択肢から選んで答える）
疑問詞疑問文	你是哪儿的人？	（疑問詞に対して具体的に答える）

① 反復疑問文　🎧 117

述語の肯定 + 否定　〈～か〉

他是不是日本人？　　　　　　　Tā shì bu shì Rìběnrén?

你最近忙不忙？　　　　　　　　Nǐ zuìjìn máng bu máng?

明天的电影，你看不看？　　　　Míngtiān de diànyǐng, nǐ kàn bu kàn?

你想不想吃北京烤鸭？　　　　　Nǐ xiǎng bu xiǎng chī Běijīng kǎoyā?

② "想" と "要"　🎧 118

"想" [助動]（願望を表す）　〈～したい，～したいと思う〉　否定は "不想"

我想当一名教师。　　　　　　Wǒ xiǎng dāng yì míng jiàoshī.

暑假你想不想去哪儿旅游？　　Shǔjià nǐ xiǎng bu xiǎng qù nǎr lǚyóu?

小李不想打网球。　　　　　　Xiǎo Lǐ bù xiǎng dǎ wǎngqiú.

"要" [助動]（意志を表す）　〈～しようと思う，～するつもりだ〉　否定は "不想"

我要去意大利留学。　　　　　Wǒ yào qù Yìdàlì liúxué.

他要找工作，不想考大学。　　Tā yào zhǎo gōngzuò, bù xiǎng kǎo dàxué.

③ "怎么"　🎧 119

[代]（方法を尋ねる）　〈どのように，どうやって〉

微信怎么用？　　　　　　　Wēixìn zěnme yòng?

你的名字怎么写？　　　　　Nǐ de míngzi zěnme xiě?

这种水果怎么吃？　　　　　Zhè zhǒng shuǐguǒ zěnme chī?

[代]（原因・理由を尋ねる）　〈なぜ，どうして〉

今天你怎么没骑车？　　　　　Jīntiān nǐ zěnme méi qíchē?

你怎么不去吃饭？病了？　　　Nǐ zěnme bú qù chīfàn? Bìng le?

1 発音を聞いて，文を繰り返し，次に青字の語句を ⓐ，ⓑ に置き換えて練習しなさい。

1. 汉语的 声调 难不难？　　Hànyǔ de shēngdiào nán bu nán?

——汉语的 声调 非常难。　　Hànyǔ de shēngdiào fēicháng nán.

ⓐ 发音 fāyīn
ⓑ 语法 yǔfǎ

2. 去 东京 站怎么走？　　Qù Dōngjīng zhàn zěnme zǒu?

——一直往前走，到了红绿灯往 左 拐。
Yìzhí wǎng qián zǒu, dàole hónglǜdēng wǎng zuǒ guǎi.

ⓐ 六本木 Liùběnmù / 右 yòu
ⓑ 麻布十番 Mábùshífān / 右 yòu

新出単語 2

1 北京烤鸭 Běijīng kǎoyā 名北京ダック
2 当 dāng 動～になる
3 名 míng 量人数を数える，～名，～人
4 教师 jiàoshī 名教師，先生
5 暑假 shǔjià 名夏休み
6 旅游 lǚyóu 動旅行する
7 意大利 Yìdàlì 固イタリア
8 找 zhǎo 動探す
9 考 kǎo 動試験する，テストする
10 微信 Wēixìn 固WeChat
11 种 zhǒng 量種類
12 水果 shuǐguǒ 名果物

13 吃饭 chīfàn 動ご飯を食べる，食事をする
14 病 bìng 動病気になる
15 发音 fāyīn 名発音
16 语法 yǔfǎ 名文法
17 站 zhàn 名駅
18 一直 yìzhí 副ずっと，まっすぐ
19 往 wǎng 介（方向を示す）～へ，～に
20 红绿灯 hónglǜdēng 名交通信号灯
21 左 zuǒ 名左
22 拐 guǎi 動曲がる
23 右 yòu 名右

1 次の簡体字をピンインに直しなさい。

1. 松下她们想去登长城。

_____

2. 陈倩她们八点出发。

_____

3. 到了长城，松下要照很多照片。

_____

2 実際に基づき，次の質問にピンインで答えなさい。

1. 你想不想去北京留学?

_____

2. 你现在想做什么?

_____

3. 你喜欢旅游吗?

_____

3 次の日本語を中国語に訳しなさい。（簡体字とピンインで）

1. 英語の発音は難しいですか。（反復疑問文で）

簡体字 _____

ピンイン _____

2. 私は夏休みにイタリアへ旅行に行こうと思っている。（"要"を用いて）

簡体字 _____

ピンイン _____

3. 京都駅へはどうやって行きますか。（京都 Jīngdū：京都）

簡体字 _____

ピンイン _____

生活

値段交渉をしてみよう

個人商店では値札がない場合も多く，店側はお客の様子や購入量などによって値段を決めます。外国人だと金額を高めに提示されることも多いので，語学の練習もかねて交渉してみましょう。"这个多少钱？ Zhège duōshao qián?（これ，いくら？）"，"太贵了。Tài guì le.（高すぎる）"，"便宜一点儿吧。Piányi yìdiǎnr ba.（ちょっと安くしてよ）"，"三十块，怎么样？ Sānshí kuài zěnmeyàng?（30 元でどう？）"などの表現が使えますね。また，量り売りか個数で売るのかなど単位が分からない場合は，"这个怎么卖？ Zhège zěnme mài?（これはどう売るの？）"と聞いてください。"要多少？ Yào duōshao?（いくつ欲しいの？）"と聞かれたら交渉開始です。

COLUMN

🥀 コラム12　一枚のハンカチ

留学前ミニ 知 識

こんなことがあった。中国人留学生が日本人と郊外へ遊びに行き，たくさん撮った写真を現像して日本人にあげた。もちろんお金なんか要らない。翌日，日本人が「これ昨日のお礼」，そう言ってハンカチをあげた。中国人は驚く。「この人は私との関係を清算したいのか。それも一枚のハンカチで」と。

恩は心に刻み，すぐに返してはいけない。長いスパンで返せばいい。返す時も同等のモノで返してはプラマイゼロになってしまう。それでは関係を清算することになる。大きく返す。それでこそ今度は貸しができる。関係が続く。それがいい。

汕頭（スワトウ）ハンカチは刺繍工芸の最高峰

誌上体験

第13课
Dì shísān kè

国家大劇場で京劇を見る

銅鑼や太鼓の音が響き迫力あるステージは圧巻

🎧 124

新出単語 1

1 国家 guójiā 名国, 国家

2 剧院 jùyuàn 名劇場

3 好 hǎo 副(口語的)とても

4 气派 qìpài 形立派である, 格式が高い

5 呀 ya 感感嘆を表す

6 快…了 kuài…le 組まもなく, もうすぐ

7 开演 kāiyǎn 動開演する

8 进去 jìnqu 動中へ入る, 中に入っていく

9 一点儿 yìdiǎnr 数量少し

10 爆米花 bàomǐhuā 名ポップコーン

11 出来 chūlai 動出てくる

12 谈 tán 動語る, 話し合う

13 观感 guāngǎn 名印象, 感想

14 京剧 jīngjù 名京劇

15 唱腔 chàngqiāng
　　名(伝統劇の歌の部分の)調子, 節回し

16 化妆 huàzhuāng
　　動化粧する, メイクアップする

17 独特 dútè
　　形独特である, 特有である, ユニークである

18 跟 gēn 前置～と

19 歌舞伎 gēwǔjì 名歌舞伎

20 有点儿 yǒudiǎnr 副少し

21 像 xiàng 動似る, ～みたいである

本 文

登場人物 松下纯子 Sōngxià Chúnzǐ —— 日本人留学生
　　　　　 陈倩 Chén Qiàn —— 中国人大学生

125

陈倩： 到 了！ 这儿 就 是 国家 大剧院。
　　　 Dào le! Zhèr jiù shì Guójiā Dàjùyuàn.

松下： 好 气派 呀！
　　　 Hǎo qìpài ya!

陈倩： 快 开演 了， 咱们 进去 吧。
　　　 Kuài kāiyǎn le, zánmen jìnqu ba.

松下： 你 先 进去， 我 去 买 一点儿 爆米花。
　　　 Nǐ xiān jìnqu, wǒ qù mǎi yìdiǎnr bàomǐhuā.

　　　 （看完 出来）
　　　　 kànwán chūlai

国家大剧院
NATIONAL CENTRE
FOR THE PERFORMING ARTS

陈倩： 怎么样？ 谈谈 观感 吧。
　　　 Zěnmeyàng? Tántan guāngǎn ba.

松下： 京剧 的 唱腔、 化妆 都 挺 独特 的。
　　　 Jīngjù de chàngqiāng、 huàzhuāng dōu tǐng dútè de.

陈倩： 我 觉得 跟 歌舞伎 有点儿 像。
　　　 Wǒ juéde gēn gēwǔjì yǒudiǎnr xiàng.

語法 Memo

126

◆**方向補語の目的語の位置**

　場所目的語は必ず"来／去"の前に置くが，動作がすでに完了し，目的語が人や物の場合には，"来／去"の後ろに置くこともできる。

哥哥走进比赛大厅去了。　Gēge zǒujìn bǐsài dàtīng qu le.　〈兄は競技場に入って行った〉
她拿出来一支笔。　　　　Tā náchulai yì zhī bǐ.　　　　〈彼女はペンを取り出した〉
妈妈买回来了很多梨。　　Māma mǎihuilaile hěn duō lí.　〈母は梨をたくさん買ってきた〉

81

第13課

① 方向補語：「動詞＋方向補語」

🎧 127

方向動詞を方向補語として用いることで，動作の方向を表す。"进去" jìnqu「入っていく」の "去"が方向補語に当たる。下欄の方向動詞が動詞を後に続けて，動作の方向を表す。

A B	上 shàng のぼる	下 xià くだる	进 jìn はいる	出 chū でる	回 huí もどる	过 guò すぎる	起 qǐ おきる
来 lai くる	上来	下来	进来	出来	回来	过来	起来
去 qu いく	上去	下去	进去	出去	回去	过去	

① 単純型方向補語（後ろの1音節）

　　動詞＋B（来／去）　跑来 pǎolai　走去 zǒuqu　下来 xiàlai　上去 shàngqu

　　動詞＋A（上／下／进／出／回／过／起）　坐下 zuòxia　跑回 pǎohuí

② 複合型方向補語（後ろの2音節）

　　動詞＋A＋B　　走进来 zǒujinlai　跑过去 pǎoguoqu

場所目的語は"来／去"の前に置く。

　　你们都进屋里来吧。　Nǐmen dōu jìn wūli lai ba.

　　李明跑回家去了。　　Lǐ Míng pǎohui jiā qu le.

② 動詞の重ね型

🎧 128

動詞を重ねて〈ちょっとする〉の意味を表す。

　　你等等我。　　　　　Nǐ děngdeng wǒ.

　　咱们休息休息吧。　　Zánmen xiūxixiuxi ba.

　　🔵 一音節の重ね型は，間に"一"に入れてもよい。二音節は不可。

　　　　○ 等一等 děng yi děng　　×休息一休息

③ "吧"［助］

🎧 129

① 推量を表す。〈～でしょう，ですよね〉　你是留学生吧？　Nǐ shì liúxuéshēng ba?

② 勧誘を表す。〈～しましょう〉　　　　　我们进去吧。　　Wǒmen jìnqu ba.

③ 軽い命令を表す。〈～しなさいよ〉　　　这次你去演讲吧。　Zhè cì nǐ qù yǎnjiǎng ba.

1 発音を聞いて，文を繰り返し，次に青字の語句を ⓐ, ⓑ に置き換えて練習しなさい。

1. 你 下来 吧。　　　　　　　　Nǐ xiàlai ba.

　　——好的，我马上 下去 。　　Hǎo de, wǒ mǎshàng xiàqu.

　　　　ⓐ 回来 huílai / 回去 huíqu
　　　　ⓑ 过来 guòlai / 过去 guòqu

2. 我们去 台湾的九份 玩儿吧？　　Wǒmen qù Táiwān de Jiǔfèn wánr ba?

　　——太好了！什么时候去？　　Tài hǎo le! Shénme shíhou qù?

　　　　ⓐ 法国的巴黎 Fǎguó de Bālí
　　　　ⓑ 美国的纽约 Měiguó de Niǔyuē

台湾九份

131

新出単語 2

1　下来 xiàlai　動降りてくる

2　上去 shàngqu　動上がっていく

3　坐下 zuòxia　動座る

4　进来 jìnlai　動入ってくる

5　过去 guòqu　動動作主が話し手から離れる，あるいは通過する

6　屋里 wūli　組部屋の中

7　回家 huíjiā　動帰宅する

8　等 děng　動待つ

9　休息 xiūxi　動休憩する，休む

10　进去 jìnqu　動入っていく

11　次 cì　量回，度

12　演讲 yǎnjiǎng　動講演する，発表する

13　马上 mǎshàng　副すぐに，さっそく

14　下去 xiàqu　動下りていく

15　回来 huílai　動帰ってくる，戻ってくる

16　回去 huíqu　動帰っていく，戻る

17　过来 guòlai　動やって来る，近づく

18　台湾 Táiwān　固台湾

19　九份 Jiǔfèn　固九份（地名）

20　什么时候 shénme shíhou　組いつ

21　法国 Fǎguó　固フランス

22　巴黎 Bālí　固パリ

23　纽约 Niǔyuē　固ニューヨーク

練習問題

132 1 質問を聞き，本文に基づいて口頭で答えなさい。

1. 松下她们去哪儿看京剧了？

    ....

2. 谁先进去？ 谁去买爆米花了？ (谁 shéi：誰)

    ....

3. 京剧的唱腔、化妆都挺独特吗？

    ....

133 2 実際に基づき，次の質問に簡体字で答えなさい。

1. 你喜不喜欢吃爆米花？

    ....

2. 你今天打算几点回家去？

    ....

3. 你觉得中国的京剧跟日本的歌舞伎像吗？

    ....

3 次の日本語を中国語に訳しなさい。（簡体字とピンインで）

1. 上がってきて。 ——はい，すぐに上がっていくよ。

    簡体字 ....

    ピンイン ....

2. 李さんは走って教室に戻って行った。

    簡体字 ....

    ピンイン ....

3. ちょっと休憩しましょう。

    簡体字 ....

    ピンイン ....

行動

バスに乗ってみよう

バスを利用するときは，路線番号（「5番」は"5路 wǔ lù"か"5线 wǔ xiàn"），大きな交差点ならバス停の位置を確かめておきましょう。停車駅の一覧も分かっていると安心です。運賃は基本的に前払いなので，前方から乗車して"一卡通"をタッチしたら，後方の出口付近に移動し，窓から通過するバス停を確認します。下車駅では，"下! Xià!（降ります！）"と意思表示し，人が多ければ"借过一下! Jièguò yíxià!（通してください！）"や"请让一下! Qǐng ràng yíxià!（道を譲ってください！）"と言いながら素早く降りましょう。"一卡通"は降りるときにもタッチしてください。バスに時刻表はありませんが，アプリで走行位置や乗り換えなどの確認ができます。

COLUMN

🛫 コラム13　目の前の事実

留学前ミニ 知識

中国では，バスや鉄道，遊園地の子ども料金はどうやって決めるか，背の高さだ。入口のところに，1.2メートルの高さに横線が引いてあり，そこで背を測る。横線を越えなければ無料だ。1.2から1.5までなら子供料金で大人の半額。1.5を超えれば大人料金だ。口での申告を信じない。学生証などの書類も信じない。目の前の事実を信じる。

誌上体験

第14课
Dì shísì kè

北京の屋台をぶらつく

北京の名物夜市にはたくさんの屋台が並ぶ

新出単語 1

🎧 134

1	逛 guàng 動 散歩する，ぶらぶらする，見物する	7	小吃 xiǎochī 名 軽食，簡単な料理
2	死 sǐ 動 死ぬ	8	香 xiāng 形 味がよい，おいしい，香りがよい
3	行 xíng 動 よい，できる	9	红烧肉 hóngshāoròu 名 バラ肉のしょうゆ煮
4	饿 è 動 お腹がすく	10	香味儿 xiāngwèir 名 香り，よい匂い
5	又 yòu 副 また	11	烤串儿 kǎochuànr 名 くし焼き
6	夜市 yèshì 名 夜市，屋台	12	就 jiù 副 すぐに
		13	前边儿 qiángbianr 名 前，前面

本 文

登場人物　松下纯子 Sōngxià Chúnzǐ ——日本人留学生
　　　　　陈倩 Chén Qiàn ——中国人大学生

陈倩：　逛了　一　天，累死　我　了。
　　　　Guàngle　yì　tiān, lèisi　wǒ　le.

松下：　我　还　行。我　饿　了，你　呢？
　　　　Wǒ　hái　xíng. Wǒ　è　le, nǐ　ne?

陈倩：　我　又　累　又　饿。咱们　去　夜市　吃　小吃　吧。
　　　　Wǒ　yòu　lèi　yòu　è. Zánmen　qù　yèshì　chī　xiǎochī　ba.

　　　　（来到　夜市）
　　　　　láidào　yèshì

松下：　好　香　啊！
　　　　Hǎo　xiāng　a!

陈倩：　这　是　红烧肉　的　香味儿。
　　　　Zhè　shì　hóngshāoròu　de　xiāngwèir.

松下：　我　想　吃　烤串儿　了。
　　　　Wǒ　xiǎng　chī　kǎochuànr　le.

陈倩：　没　问题，烤串儿　就　在　前边儿。
　　　　Méi　wèntí, kǎochuànr　jiù　zài　qiánbianr.

語法Memo

◆程度補語

　程度補語は形容詞・動詞の後ろに置かれ，程度を表す成分である。よく用いられるものには，"…极了" "…死了" のほか，"…多了" "…坏了" "…得很" "…得要命" "…得不得了" などがある。いずれも〈ひどく～だ〉〈すごく〉〈ずっと〉など，程度が高いことを表す。

好多了 hǎoduō le 〈ずっとよくなった〉　　忙得要命　mángde yàomìng 〈死ぬほど忙しい〉

饿坏了 èhuài le 〈おなかペコペコだ〉　　渴得不得了 kěde bùdéliǎo 〈喉がカラカラだ〉

① 程度補語 137

形容詞 ＋ "极 / 死" 〈すごく〜，極めて〜〉

味道好极了。　　　　Wèidao hǎojí le.

这几天忙死我了。　　Zhè jǐ tiān mángsi wǒ le.

② "又…又…" 138

〈〜であり〜でもある〉〈〜で〜〉〈〜かつ〜〉

又便宜又好吃。　　　　Yòu piányi yòu hǎochī.

今晚的月亮又大又圆。　Jīnwǎn de yuèliang yòu dà yòu yuán.

小明又聪明又可爱。　　Xiǎo Míng yòu cōngming yòu kě'ài.

③ 方位詞 139

名詞の後につけて，具体的な方向や位置を表す。

上边（儿）shàngbian(r)（上側，上の方）	下边（儿）xiàbian(r)（下側，下の方）
里边（儿）lǐbian(r)（内側，中の方）	外边（儿）wàibian(r)（外側，外の方）
前边（儿）qiánbian(r)（前側，前の方）	后边（儿）hòubian(r)（後ろ側，後ろの方）
左边（儿）zuǒbian(r)（左側，左の方）	右边（儿）yòubian(r)（右側，右の方）
旁边（儿）pángbian(r)（そば，隣）	对面（儿）duìmiàn(r)（向かい側）

罗森的旁边是全家。　　　Luósēn de pángbiān shì Quánjiā.

麦当劳的对面是肯德基。　Màidāngláo de duìmiàn shì Kěndéjī.

 「〜の上」「〜の中」と言う場合，"上""里" を用いることが多い。

　　床上 chuángshang　　书包里 shūbāo li

第14課

1 発音を聞いて，文を繰り返し，次に青字の語句を ⓐ，ⓑ に置き換えて練習しなさい。

1. 最近怎么样？　　　　　　　　　　Zuìjìn zěnmeyàng?

　——最近 忙 死我了。　　　　　　Zuìjìn mángsi wǒ le.

> ⓐ 累 lèi
> ⓑ 开心 kāixīn

2. 李明 怎么样？　　　　　　　　　　Lǐ Míng zěnmeyàng?

　—— 李明 又 高 又 帅。　　　　　　Lǐ Míng yòu gāo yòu shuài.

> ⓐ 刘红 Liú Hóng / 漂亮 piàoliang / 苗条 miáotiao
> ⓑ 小强 Xiǎo Qiáng / 矮 ǎi / 胖 pàng

新出単語	2

1	味道 wèidao	名味
2	极 jí	副 きわめて
3	今晚 jīnwǎn	名今晩
4	月亮 yuèliang	名月
5	圆 yuán	形 まるい
6	聪明 cōngming	形 賢い，聡明である
7	可爱 kě'ài	形 可愛い
8	罗森 Luósēn	固 ローソン
9	全家 Quánjiā	固 ファミリーマート

10	麦当劳 Màidāngláo	固 マクドナルド
11	肯德基 Kěndéjī	固 ケンタッキー
12	床 chuáng	名 ベッド
13	开心 kāixīn	形 楽しい
14	高 gāo	形 高い
15	帅 shuài	形 格好いい，ハンサムである
16	苗条 miáotiao	形 スリムである
17	矮 ǎi	形（身長が）低い
18	胖 pàng	形 太っている，太い

1 142　質問を聞き，本文に基づいて口頭で答えなさい。

1. 陈倩逛了一天累不累？

2. 松下她们去哪儿吃饭了？

3. 她们最后吃什么了？（最后 zuìhòu：最後）

2 143　実際に基づき，次の質問に簡体字で答えなさい。

1. 你喜不喜欢逛街？（逛街 guàng jiē：街をぶらぶらする）

2. 日本有没有夜市？

3. 现在你的桌子上有什么？

3　次の日本語を中国語に訳しなさい。（簡体字とピンインで）

1. 最近の天気はすごく暑い。（程度補語で）

　　簡体字

　　ピンイン

2. 夏休みの宿題は多くて難しい。

　　簡体字

　　ピンイン

3. あなたの隣は誰ですか。

　　簡体字

　　ピンイン

生活

レストランで注文してみよう

〈凉菜〉　〈汤〉　〈大菜〉　〈主食〉

〈点心〉　〈甜品〉

中華料理を数人で食べるときは，フランス料理のコースのように組み立てて注文するのがおすすめです。まず"凉菜 liángcài（前菜）"，次に"汤 tāng（スープ）"，続いて"大菜 dàcài（主菜）"を何品か，"主食 zhǔshí（主食）"，"点心 diǎnxin（点心）"と選びます。締めに"甜品 tiánpǐn（スイーツ）"を頼むのもいいですね。店によっては量が多い場合もあるので，最初は少なめに頼み，追加注文しても良いでしょう。ちなみに餃子は皮の小麦粉部分が多いので，おかずではなく主食です。なお，「メニュー」は"菜单 càidān"，「料理を注文する」は"点菜 diǎncài"，「お勘定をする」は"买单 mǎidān"や"结账 jiézhàng"を使います。

COLUMN

🚢 コラム14　冷たいものを避ける

留学前ミニ 知 識

漢方の理論では"寒凉伤脾胃"hán liáng shāng pí wèi（冷たいものは脾や胃を傷める）という説がある。冷たいものを食べたり飲んだりするのが体に悪いということは中国人の常識になっている。
レストランで食事をする時，最初に水ではなく暖かいお茶が供されるのが普通である。ほとんどの列車の中でお湯を提供するサービスがあるくらい，
水を飲まない人が少なくない。弁当も温めて食べるのが普通である。
しかし，ビールについては冷やして飲むほうが美味しいと思う人が増えてきた。サラダと共にこれは外来文化の影響であろう。

第15课
Dì shíwǔ kè

タクシーで先生の家へ

運転手さんに何か話しかけてみよう

新出単語 1

🎧 144

1 过 guo 　助 動詞の後に置いて経験を表す

2 离 lí 　介 ～から，～まで

3 远 yuǎn 　形 遠い

4 听说 tīngshuō 　動 （聞くところによれば）～だそうだ

5 公交车 gōngjiāochē 　名 路線バス

6 要 yào 　動 （時間や費用などが）かかる，必要とする

7 叫 jiào 　動 呼ぶ

8 辆 liàng 　量 台

9 出租车 chūzūchē 　名 タクシー

10 打的 dǎdī 　動 タクシーに乗る

11 比 bǐ 　介 ～に比べて，～よりも

12 多 duō 　形 ずっと～である

13 给 gěi 　介 ～に

14 礼物 lǐwù 　名 プレゼント

登場人物　松下纯子 Sōngxià Chúnzǐ ——日本人留学生

陈倩 Chén Qiàn ——中国人大学生

145

松下：　你　去过　李　老师　家　吗？
　　　　Nǐ　qùguo　Lǐ　lǎoshī　jiā　ma?

陈倩：　我　也　没　去过。
　　　　Wǒ　yě　méi　qùguo.

松下：　老师　家　离　学校　远　吗？
　　　　Lǎoshī　jiā　lí　xuéxiào　yuǎn　ma?

陈倩：　听说　坐　公交车　要　一　个　半　小时。
　　　　Tīngshuō　zuò　gōngjiāochē　yào　yí　ge　bàn　xiǎoshí.

松下：　那　明天　咱们　叫　辆　出租车　去　吧。
　　　　Nà　míngtiān　zánmen　jiào　liàng　chūzūchē　qù　ba.

陈倩：　也　行。　打的　比　坐　公交车　快多　了。
　　　　Yě　xíng.　Dǎdī　bǐ　zuò　gōngjiāochē　kuàiduō　le.

松下：　给　老师　带　点儿　什么　礼物　去　呢？
　　　　Gěi　lǎoshī　dài　diǎnr　shénme　lǐwù　qù　ne?

　語法 Memo

146

◆比較文の否定

　否定の比較文は「A＋没有＋B＋形容詞」という形を取るが，「A＋不比＋B＋形容詞」という形も存在する。ただし，両者は意味が異なる。

　他没有我高。〈彼は僕ほど背が高くない〉（＝我比他高）

　他不比我高。〈彼は僕より背が高いというわけではない〉つまり，〈僕よりやや低いかもしれないし，僕と同じぐらいかもしれない〉という意味を表す。

「A＋没有＋B＋形容詞」文で用いられる形容詞は，ほとんどの場合望ましい意味の語となる。

1 経験の "过"

147

動詞 + "过"　〈～したことがある〉

否定形は動詞の前に "没 (有)" を置く。

我去过欧洲，没去过非洲。　Wǒ qùguo Ōuzhōu, méi qùguo Fēizhōu.

你逛过北京夜市没有？　Nǐ guàngguo Běijīng yèshì méiyou?

我还没吃过草莓蛋糕。　Wǒ hái méi chīguo cǎoméi dàngāo.

2 前置詞 "离"

148

"离"〈～から，～まで〉は2点間の隔たりを表す。

A + "离" + B + "远 / 近"　〈AはBから/まで遠い/近い〉

否定は形容詞の前に "不" を置く。

洗手间离这儿远不远？　Xǐshǒujiān lí zhèr yuǎn bu yuǎn?

我家离新宿不太远　Wǒ jiā lí Xīnsù bú tài yuǎn.

他家离车站很近。　Tā jiā lí chēzhàn hěn jìn.

3 比較文

149

A + "比" + B + 形容詞 (+ 差量)　〈AはBより（どれだけ）～だ〉

「差量」は形容詞の後に置く。

否定は "没有" を使う。〈AはBほど～でない〉

我比他高。　Wǒ bǐ tā gāo.

他没有我高。　Tā méiyou wǒ gāo.

我姐姐比我大两岁。　Wǒ jiějie bǐ wǒ dà liǎng suì.

A + "比" + B + 形容詞 + "多了 / 得多"　〈AはBよりずっと～だ〉

坐飞机比坐船快多了。　Zuò fēijī bǐ zuò chuán kuàiduō le.

这把雨伞比那把贵得多。　Zhè bǎ yǔsǎn bǐ nà bǎ guìde duō.

1 発音を聞いて，文を繰り返し，次に青字の語句を ⓐ，ⓑ に置き換えて練習しなさい。

1. 你去过首尔吗？ 　Nǐ qùguo Shǒu'ěr ma?

——我还没去过首尔。 Wǒ hái méi qùguo Shǒu'ěr.

> ⓐ 吃 chī / 涮羊肉 shuànyángròu
>
> ⓑ 看 kàn / 这本小说 zhè běn xiǎoshuō

2. 你比你弟弟高吗？ 　Nǐ bǐ nǐ dìdi gāo ma?

——我没有我弟弟高。 Wǒ méiyou wǒ dìdi gāo.

> ⓐ 今天 jīntiān / 昨天 zuótiān / 凉快 liángkuai
>
> ⓑ 寒假 hánjià / 暑假 shǔjià / 长 cháng

151

新出単語 2		
1 欧洲 Ōuzhōu 名ヨーロッパ	8 飞机 fēijī 名飛行機
2 非洲 Fēizhōu 名アフリカ	9 船 chuán 名船
3 草莓 cǎoméi 名イチゴ	10 首尔 Shǒu'ěr 固ソウル
4 蛋糕 dàngāo 名ケーキ	11 涮羊肉 shuànyángròu 名羊肉のしゃぶしゃぶ
5 车站 chēzhàn 名駅	12 小说 xiǎoshuō 名小説
6 近 jìn 形近い	13 凉快 liángkuai 形涼しい
7 姐姐 jiějie 名姉	14 寒假 hánjià 名冬休み

練習問題

1 質問を聞き，本文に基づいて口頭で答えなさい。

1. 陈倩去过李老师家吗？

_____

2. 坐公交车去要多长时间？

_____

3. 打的去李老师家快，还是坐公交车快？

_____

2 実際に基づき，次の質問に簡体字で答えなさい。

1. 你去过你们老师家没有？

_____

2. 你家离大学远不远？

_____

3. 今天没有昨天热吗？

_____

3 次の日本語を中国語に訳しなさい。(簡体字とピンインで)

1. 私は北京ダックを食べたことはない。

簡体字 _____

ピンイン _____

2. あなたたちの大学は駅から遠いですか。

簡体字 _____

ピンイン _____

3. 今年の夏は昨年よりずっと暑いです。（夏天 xiàtiān：夏）

簡体字 _____

ピンイン _____

ハウツー
留学気分

行動

タクシーに乗ってみよう

タクシーは便利ですが，行先を正しく伝えなくてはなりません。発音に自信がない場合は行先や住所を文字で見せ，"我想去这个地方。Wǒ xiǎng qù zhège dìfang.（ここに行きたい）"と言うといいでしょう。料金や時間が心配なら，乗車前に"车费大概多少? Chēfèi dàgài duōshao?（料金はだいたいどれぐらい？）""要多长时间? Yào duō cháng shíjiān?（どのぐらいの時間がかかる？）"などと確認すれば安心です。中国のタクシーは自分でドアを開閉し，一般的には助手席に乗ります。余裕があれば，運転手とおしゃべりしてみましょう。なお，観光地などで声をかけてくるタクシーは未認可（白タク）の可能性が高いので，避ける方が賢明です。

COLUMN

🛬 コラム15　ちょっとしたズレ

留学前ミニ 知 識

日中は異なる国。言葉が異なれば行動パターンも違う。そしてそれなりの理由もある。留学生が気になるのは，自分の身分を考えれば，同じ立場や境遇にいる，同年代の学生だろう。彼らもまた厳しい競争にさらされている。「人生を決定する」とも言われる大学入試である。これを"高考"gāokǎoと称する。高校入試ではない。実は中国の教育制度は日本と同じく6334制，日本と同じように思える。ところが最初の6は小学校6年間なのだが，次の中学は6年間であり日本の中学に相当するのが，"初级中学"と呼ばれる前半部分，高校に当たるのが後半の"高级中学"である。中国は上から見れば「大・中・小」下から見れば「小・中・大」これはこれで並べ方のスジが通っている。

大学	大
高級中学	中
初級中学	
小学	小

先生の家で食事をご馳走になる

先生には積極的に質問してみたい

新出単語 1

154

1	趁热 chènrè	組 熱いうちに
2	家常菜 jiāchángcài	名 家庭料理
3	丰盛 fēngshèng	
		形 豊富である，盛りだくさんである
4	古老肉 gǔlǎoròu	名 酢豚
5	香菇菜心 xiānggū càixīn	
		名 しいたけと青梗菜炒め
6	西红柿 xīhóngshì	名 トマト

7	炒 chǎo	動 炒める
8	鸡蛋 jīdàn	名 ニワトリの卵
9	酸辣汤 suānlàtāng	名 サンラータン
10	越来越… yuèláiyuè…	組 ますます～
11	主食 zhǔshí	名 主食
12	包子 bāozi	名 中華まん
13	尝 cháng	動 味見する
14	包 bāo	動 包む

登場人物　松下纯子 Sōngxià Chúnzǐ ——日本人留学生
　　　　　陈倩 Chén Qiàn ——中国人大学生
　　　　　老师 lǎoshī ——中国人教師

老师：快　趁热　吃　吧，都　是　家常菜。
　　　Kuài　chènrè　chī　ba,　dōu　shì　jiāchángcài.

陈倩：太　丰盛　了。
　　　Tài　fēngshèng　le.

老师：松下，你　知道　这些　菜　的　名字　吗？
　　　Sōngxià,　nǐ　zhīdao　zhèxiē　cài　de　míngzi　ma?

松下：古老肉、青椒　肉丝、香菇　菜心、西红柿　炒　鸡蛋，
　　　Gǔlǎoròu、　qīngjiāo　ròusī、　xiānggū　càixīn、　xīhóngshì　chǎo　jīdàn,

　　　这　是　酸辣汤　吧。
　　　zhè　shì　suānlàtāng　ba.

陈倩：松下　的　汉语　越来越　好　了。
　　　Sōngxià　de　Hànyǔ　yuèláiyuè　hǎo　le.

老师：主食　有　包子　和　饺子。你们　都　尝尝。
　　　Zhǔshí　yǒu　bāozi　hé　jiǎozi.　Nǐmen　dōu　chángchang.

松下：真　好吃。老师，您　能　教　我　包　饺子　吗？
　　　Zhēn　hǎochī.　Lǎoshī,　nín　néng　jiāo　wǒ　bāo　jiǎozi　ma?

語法 Memo

◆二重目的語をとれる動詞
　二重目的語は，すべての動詞がとれるわけではなく，主に授受関係を含む動作を表す動詞，例えば"送""给""借给"jiègěi"教""求""告诉""通知"tōngzhī などが二重目的語をとる。間接目的語は対象となる人，直接目的語は授けられる物である。

我送给她一条围巾。　Wǒ sònggěi tā yì tiáo wéijīn.　〈彼女にスカーフを贈った〉
求你一件事。　　　　Qiú nǐ yí jiàn shì.　　　　　　〈お願いがあります〉

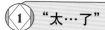
1 "太…了" 🎧 157

① 〈すごく〜だ〉〈とても〜だ〉

太美了！	Tài měi le!
这里太方便了。	Zhèli tài fāngbiàn le.
太感谢你了！	Tài gǎnxiè nǐ le!

② 〈〜すぎだ〉

名牌儿包太贵了！	Míngpáir bāo tài guì le!
他太吝啬了。	Tā tài lìnsè le.

2 "越来越…" 🎧 158

〈ますます〜になる〉

冬天到了，天气越来越冷了。	Dōngtiān dào le, tiānqì yuèláiyuè lěng le.
我越来越喜欢学汉语了。	Wǒ yuèláiyuè xǐhuan xué Hànyǔ le.

3 二重目的語 🎧 159

動詞 + 間接目的語 + 直接目的語 〈〜に〜を〜する〉

报告大家一个好消息。	Bàogào dàjiā yí ge hǎo xiāoxi.
告诉你一个秘密。	Gàosu nǐ yí ge mìmì.
你教我日语，我教你汉语，好吗？	Nǐ jiāo wǒ Rìyǔ, wǒ jiāo nǐ Hànyǔ, hǎo ma?

1 発音を聞いて，文を繰り返し，次に青字の語句を@，ⓑに置き換えて練習しなさい。

1. 昨天的 考试 太 难 了。　　Zuótiān de kǎoshì tài nán le.

——没错。　　　　　　　Méicuò.

ⓐ 寿司 shòusī / 好吃 hǎochī

ⓑ 游戏 yóuxì / 有意思 yǒu yìsi

2. 母亲节 你打算送 妈妈 什么礼物？　Mǔqinjié nǐ dǎsuan sòng māma shénme lǐwù?

——我还没想好。　　　　　　Wǒ hái méi xiǎnghǎo.

ⓐ 父亲节 Fùqinjié / 爸爸 bàba

ⓑ 圣诞节 Shèngdànjié / 女朋友 nǚpéngyou

161

| 新出単語 | 2 |

1 美 měi 〔形〕美しい

2 方便 fāngbiàn 〔形〕便利だ

3 感谢 gǎnxiè 〔動〕感謝する

4 名牌儿包 míngpáir bāo
〔組〕ブランドのかばん

5 吝啬 lìnsè
〔形〕けちけちしている，しみったれである

6 冬天 dōngtiān 〔名〕冬

7 报告 bàogào 〔動〕報告する，伝える

8 大家 dàjiā 〔代〕みんな

9 消息 xiāoxi 〔名〕知らせ，情報

10 告诉 gàosu 〔動〕知らせる，教える

11 秘密 mìmì 〔名〕秘密

12 没错 méicuò 〔組〕その通りである

13 寿司 shòusī 〔名〕寿司

14 有意思 yǒu yìsi 〔組〕面白い

15 母亲节 Mǔqinjié 〔名〕母の日

16 送 sòng 〔動〕贈る，送る

17 想好 xiǎnghǎo 〔組〕思いつく，考えつく

18 父亲节 Fùqinjié 〔名〕父の日

19 圣诞节 Shèngdànjié 〔名〕クリスマス

20 女朋友 nǚpéngyou 〔名〕ガールフレンド

🎧 162 **1** 　質問を聞き，本文に基づいて口頭で答えなさい。

1. 松下知道中国菜的名字吗？

   _____

2. 李老师做了几个菜？　主食都有什么？

   _____

3. 松下的汉语怎么样了？

   _____

🎧 163 **2** 　実際に基づき，次の質問に簡体字で答えなさい。

1. 你会做中国菜吗？

   _____

2. 你最喜欢吃的主食是什么？

   _____

3. 最近天气怎么样？（"越来越"を用いて）

   _____

3 　次の日本語を中国語に訳しなさい。（簡体字とピンインで）

1. 北京ダックはすごくおいしかった。（"太～了"を用いて）

   簡体字 _____

   ピンイン _____

2. 最近ますます忙しくなってきている。

   簡体字 _____

   ピンイン _____

3. 誰が君たちに中国語を教えていますか。

   簡体字 _____

   ピンイン _____

語学

授業では目立とう

授業では前方の席に座りましょう。日本の学校ではまんべんなく指名される場合が多いのですが，中国では活発に発言する生徒が指名されることも多く，尻込みしていると聞くだけになってしまいます。授業で緊張しないコツは「準備と場慣れ」，まずはテーマや関連語句を予習し，聞き取りに不安があれば本文の発音なども調べておきましょう。教室では「1日1度は発言する」など目標を立てて挙手することで，自然と目立つ生徒になっていきます。せっかくお金と時間をかけて留学するのですから，充実した留学生活を送りたいですよね。ちなみに，「点呼する／指名する」は"点名 diǎnmíng"，「予習する」は"预习 yùxí"，「発言する」は"发言 fāyán"です。

コミュニケーション

中国語で発信してみよう

日々の驚きや体験は，"微博 Wēibó"などのSNSで発信してみましょう。コメントをもらうと意味が知りたくなりますし，中国語と日本語を併記すれば，日本語を勉強中の中国人と繋がって，互いに教え合う素敵な関係が築けるかもしれません。ちなみに，「投稿する」は"发帖 fātiě"，「フォローする」は"关注 guānzhù"，「フォロワー」は"粉丝 fěnsī"，「いいねを押す」は"点赞 diǎnzàn"です。

COLUMN

🛫 コラム16　宾至如归

留学前ミニ 知 識

中国人は客人をもてなすことが好きな国民性である。それを表しているのが"宾至如归"bīn zhì rú guī だ。お客さんを自宅に招く際，和やかな雰囲気と温かいおもてなしによって，まるで自分の家に帰ってきたようにくつろいでもらおうという意味だ。
中国人は自分の親切さの表れとしてよく他人を自宅に招く。昔，物資が不足していた時代には，客人に白湯を出したり，煙草を出したりしていたが，今は来客の際には，自宅で豪華な料理を振舞うか，お洒落なレストランに行って接待するのが一般的である。堅苦しいことはなく，どんな客人であっても世間話やお酒ですぐに打ち解け，初対面でも"老朋友"（古い友達）のようになることができる。

誌上体験
第 17 课
Dì shíqī kè

今日は授業に出られなくなってしまった

延辺大学付属病院

新出単語 1

164

1　头 tóu　名 頭

2　疼 téng　形 痛い

3　…不了 …buliǎo　動 ～できない

4　要 yào　助動 ～しなければならない

5　医院 yīyuàn　名 病院

6　看 kàn　動 見舞う，診察してもらう

7　来 lái　動 本来の動詞の前に置き，
　　　　積極的に行う意思を表す

8　添麻烦 tiān máfan　組 面倒をかける，手数をかける

9　不好意思 bù hǎoyìsi　決まりが悪い，すみません

10　之间 zhījiān　名 ～の間

11　客气 kèqi　動 気をつかう，遠慮する

12　一定 yídìng　副 必ず，きっと

13　请 qǐng　動 招く，ごちそうする，おごる

本文

登場人物　松下纯子 Sōngxià Chúnzǐ ——日本人留学生
　　　　　陈倩 Chén Qiàn ——中国人大学生

第17课

松下： 我　头　很　疼，今天　上不了　课　了。
Wǒ　tóu　hěn　téng,　jīntiān　shàngbuliǎo　kè　le.

陈倩： 要　不　要　去　医院　看看？
Yào　bu　yào　qù　yīyuàn　kànkan?

松下： 不用，休息　一　天　就　好　了。
Búyòng,　xiūxi　yì　tiān　jiù　hǎo　le.

陈倩： 那　下了　课　我　来　看　你。
Nà　xiàle　kè　wǒ　lái　kàn　nǐ.

松下： 给　你　添　麻烦　了，真　不　好意思。
Gěi　nǐ　tiān　máfan　le,　zhēn　bù　hǎoyìsi.

陈倩： 朋友　之间　不用　客气。
Péngyou　zhījiān　búyòng　kèqi.

松下： 我　好　了　一定　请　你　吃　北京　烤鸭。
Wǒ　hǎo　le　yídìng　qǐng　nǐ　chī　Běijīng　kǎoyā.

 語法Memo

166

◆ **熟語になっている可能補語**

对不起 duìbuqǐ	〈申し訳ない〉	看不起 kànbuqǐ	〈軽蔑する，見下げる〉
来不及 láibují	〈間に合わない〉	靠不住 kàobuzhù	〈あてにならない〉
受不了 shòubuliǎo	〈耐えられない〉	想不到 xiǎngbudào	〈思いもよらない〉
怪不得 guàibude	〈どおりで〉	说不定 shuōbudìng	〈ひょっとしたら〜かもしれない〉

①　可能補語〈〜できる / できない〉　167

> **動詞＋"得 / 不"＋結果補語 / 方向補語**

結果補語や方向補語の前に"得"を入れると可能を表し，"不"を入れると不可能を表す。

这本书我看得懂。	Zhè běn shū wǒ kàndedǒng.
这个字我总是写不对。	Zhège zì wǒ zǒngshì xiěbuduì.
他们明天回得来回不来？	Tāmen míngtiān huídelái huíbulái?
——恐怕回不来。	Kǒngpà huíbulái.

②　"就"［副］　168

① 〈**すぐに，もうすぐ**〉

电影马上就开演。　　Diànyǐng mǎshàng jiù kāiyǎn.

② 〈**〜ならば〜である，〜だから〜する**〉

休息一天就好了。　　Xiūxi yì tiān jiù hǎo le.

③ 〈**まさしく，まさに**〉

请问谁是山田夏莲。　Qǐngwèn shéi shì Shāntián Xiàlián.

　—我就是。　　　　　—Wǒ jiù shì.

③　兼語文　169

> **主語＋動詞１＋目的語 / 主語＋動詞句**　〈**Ａがｂに〜をさせる**〉

動詞１に要求，命令を表す"请，让，叫"等を使うことが多い。否定辞は動詞１の前に置く。

我请他来。	Wǒ qǐng tā lái.
请你再说一遍。	Qǐng nǐ zài shuō yí biàn.
老师让学生写作文。	Lǎoshī ràng xuésheng xiě zuòwén.
爸爸不叫女儿去留学。	Bàba bú jiào nǚ'ér qù liúxué.

第17课

ドリル

🎧 170

1 発音を聞いて，文を繰り返し，次に青字の語句を ⓐ，ⓑ に置き換えて練習しなさい。

1. 周末想请你参加我的 生日晚会 。

Zhōumò xiǎng qǐng nǐ cānjiā wǒ de shēngrì wǎnhuì.

——对不起，周末我有事，去不了。

Duìbuqǐ, zhōumò wǒ yǒu shì, qùbuliǎo.

> ⓐ 开学典礼 kāixué diǎnlǐ
>
> ⓑ 毕业典礼 bìyè diǎnlǐ

2. 老师让你们干什么？　　Lǎoshī ràng nǐmen gàn shénme?

——老师让我们 背课文 。　　Lǎoshī ràng wǒmen bèi kèwén.

> ⓐ 练习发音 liànxí fāyīn
>
> ⓑ 练习会话 liànxí huìhuà

🎧 171

新出単語 2

1 书 shū 名本

2 懂 dǒng 動分かる

3 字 zì 名文字，字

4 总是 zǒngshì 副いつも，よく

5 恐怕 kǒngpà 副恐らく

6 再 zài 副再び，さらに，もっと

7 说 shuō 動言う，話す

8 遍 biàn 量回，度，遍

9 让 ràng 動〜させる

10 作文 zuòwén 名作文

11 叫 jiào 動〜させる

12 留学 liúxué 動留学する

13 周末 zhōumò 名週末

14 参加 cānjiā 動参加する

15 生日 shēngrì 名誕生日

16 晚会 wǎnhuì 名パーティー

17 开学 kāixué 動学校が始まる，学期が始まる

18 典礼 diǎnlǐ 名式典，セレモニー

19 毕业 bìyè 動卒業する

20 练习 liànxí 動練習する

21 会话 huìhuà 動会話する

第17课

練習問題

🎧 172 **1** 質問を聞き，本文に基づいて口頭で答えなさい。

   1. 松下今天怎么了？（怎么了：どうしましたか）

   2. 陈倩什么时候去看松下？

   3. 松下好了以后想请陈倩吃什么？（以后 yǐhòu：以後，その後）

🎧 173 **2** 実際に基づき，次の質問に簡体字で答えなさい。

   1. 你最近身体怎么样？（身体 shēntǐ：体）

   2. 你生病的时候去医院看吗？（生病 shēngbìng：病気になる）

   3. 你朋友病的时候，你去看他吗？

3 次の日本語を中国語に訳しなさい。（簡体字とピンインで）

   1. 料理が多すぎて食べきれない。（可能補語を用いて）

       簡体字

       ピンイン

   2. ここが私たちの大学です。

       簡体字

       ピンイン

   3. 誰が君に中華料理をおごってくれるの。

       簡体字

       ピンイン

生活

こんなことには注意しよう

飲食物は衛生面に十分注意し，例えば屋台で串の使い回しをされていないかなど，一定の用心深さを備えてください。また，中国の水道水は硬水で飲用に向かないので，"矿泉水 kuàngquánshuǐ（ミネラルウォーター）"を飲みましょう。スリや詐欺にも警戒が必要です。なお，政治や歴史問題は不用意に話さないように。政府機関や軍関連施設などは基本的に撮影禁止です。各種の注意書きも意識しておきましょう。注意書きの例："闲人免进 xiánrén miǎnjìn（関係者以外立入禁止）"，"请勿入内 qǐng wù rù nèi（立入禁止）"，"行人止步 xíngrén zhǐbù（立入禁止）"，"请勿动手 qǐng wù dòngshǒu（手を触れないで）"，"禁止摄影 jìnzhǐ shèyǐng（撮影禁止）"。

COLUMN　　　🌿コラム17　　あまり謙遜しすぎないように

留学前ミニ 知 識

日本人は相手に気を使わせないために，「ざっと拝見した」や「ついでに寄ってみました」という表現を使って，"我顺便 shùnbiàn 来看看你"（ちょうどついでがあったのでお見舞いに来た）という。自分の骨折りを相手にわざと軽く告げる傾向にあるわけだが，中国の習慣では「ついで」という表現が失礼に当たることもあるようだ。中国人は"我特地 tèdì 来看你的"（あなたのためにわざわざお見舞いに来ました）という。お互いの習慣を知らなければ誤解してしまうかもしれないね。高級なプレゼントの場合に値札がついていることもあるが，それは「あなたのためにこのぐらいの誠意を尽くした」というメッセージなので，驚かないように。また，自分が相手に何かを渡したり成果を報告したりする場合も，あまり謙遜しすぎないように注意しよう。

第18课
Dì shíbā kè

誌上体験

私は普段ネットで買い物をする

中国ではライブ配信と EC が合体したライブコマースが人気

🎧 174

新出単語 1

1 病 bìng 名病気

2 全 quán 副全部

3 啦 la 助"了"le と"啊"a の合音で，感嘆・不満・喚起・禁止などの語気を表す

4 请客 qǐngkè 動客を招く，おごる

5 不巧 bù qiǎo 組タイミングが悪い，あいにく

6 自行车 zìxíngchē 名自転車

7 骑 qí 動乗る

8 被 bèi 助～される

9 走着 zǒuzhe 組歩いて

10 饭店 fàndiàn 名ホテル，レストラン

11 也 yě 副婉曲な語気を表す

12 欸 éi 感おや，あれ，ええっ（意外だという気持ちを示す）

13 双 shuāng 量足

14 鞋 xié 名靴

15 在 zài 介～で

16 淘宝 Táobǎo 固タオバオ（中国のオンラインモール"淘宝网"の略称）

17 一般 yìbān 形普通である，一般的である

18 网上 wǎngshàng 名インターネット上

19 购物 gòuwù 動買い物をする

110

登場人物　松下纯子 Sōngxià Chúnzǐ ——日本人留学生

陈倩 Chén Qiàn ——中国人大学生

🎧 175

陈倩：　病　好　了　吗？
　　　　Bìng　hǎo　le　ma?

松下：　全　好　啦。　咱们　去　吃饭　吧。　我　请客。
　　　　Quán　hǎo　la.　Zánmen　qù　chīfàn　ba.　Wǒ　qǐngkè.

陈倩：　咱们　骑车　去　吧。
　　　　Zánmen　qíchē　qù　ba.

松下：　真　不　巧，我　的　自行车　被　李　丽　骑走　了。
　　　　Zhēn　bù　qiǎo,　wǒ　de　zìxíngchē　bèi　Lǐ　Lì　qízǒu　le.

陈倩：　那　就　走着　去　吧，饭店　离　这儿　也　不　远。
　　　　Nà　jiù　zǒuzhe　qù　ba,　fàndiàn　lí　zhèr　yě　bù　yuǎn.

松下：　欸，你　这　双　鞋　不错　呀，是　在　哪儿　买　的？
　　　　Éi,　nǐ　zhè　shuāng　xié　búcuò　ya,　shì　zài　nǎr　mǎi　de?

陈倩：　是　在　淘宝　上　买　的。
　　　　Shì　zài　Táobǎo　shang　mǎi　de.

　　　　我　一般　都　在　网上　购物。
　　　　Wǒ　yìbān　dōu　zài　wǎngshang　gòuwù.

語法 Memo

🎧 176

◆ 意味上の受身文

受身文には"被"の代わりに"让""叫"を用いる場合もある。

听说她让 / 叫人骗了。　Tīngshuō tā ràng/jiào rén piàn le.　〈彼女は騙されたそうだ〉

また"被，让，叫"のいずれも用いない受身文，いわゆる「意味上の受身文」もある。

作业我已经做完了。　Zuòyè wǒ yǐjīng zuòwán le.　〈宿題はもう終わりました〉

房间打扫干净了。　Fángjiān dǎsǎogānjìng le.　〈部屋はきれいに掃除してある〉

1 "被"構文

177

主語+"被"+（目的語）+ 動詞 + α

他被广告公司录取了。 　Tā bèi guǎnggào gōngsī lùqǔ le.

听说你的护照被偷了。 　Tīngshuō nǐ de hùzhào bèi tōu le.

我的词典没被借走。 　Wǒ de cídiǎn méi bèi jièzǒu.

2 "着" 〈～して～する，～しながら～する〉

178

［助］二つの動詞の間に用い，二つの動作が同時に行われていること，あるいは動作の方式・状況などを表す。

我是跑着回家去的。 　Wǒ shì pǎozhe huíjiā qù de.

他喜欢躺着看手机。 　Tā xǐhuan tǎngzhe kàn shǒujī.

期末到了，大家都忙着复习考试。 　Qīmò dào le, dàjiā dōu mángzhe fùxí kǎoshì.

3 "是…的"

179

（"是"+）取り立て要素 + 動詞 + "的"（+ 目的語）　〈～したのである〉

すでに行われたことについて，時間，場所，手段，動作主などの要素を取り立て強調するときに使う。"是"は省略できる。

你是什么时候来的？ 　Nǐ shì shénme shíhou lái de?

——我是昨天来的。 　Wǒ shì zuótiān lái de.

否定は"不是"。否定の場合，"是"は省略できない。

我不是坐电车来的。 　Wǒ bú shì zuò diànchē lái de.

動詞が目的語を伴う場合，その目的語を"的"の後ろに置くことができる。

你是在哪儿买的电脑？ 　Nǐ shì zài nǎr mǎi de diànnǎo?

——我是在亚马逊买的电脑。 　Wǒ shì zài Yàmǎxùn mǎi de diànnǎo.

第18课

1 発音を聞いて，文を繰り返し，次に青字の語句を@，ⓑに置き換えて練習しなさい。

1. 你们是怎么认识的？　　　　Nǐmen shì zěnme rènshi de?

　　——我们是在 校园 认识的。　Wǒmen shì zài xiàoyuán rènshi de.

> @ 网上 wǎngshang
> ⓑ 西班牙 Xībānyá

2. 我喜欢 看着手机吃饭 。　　　Wǒ xǐhuan kànzhe shǒujī chīfàn.

　　——我也是。　　　　　　　　Wǒ yě shì.

> @ 走着去大学 zǒuzhe qù dàxué
> ⓑ 躺着看书 tǎngzhe kàn shū

181

 新出単語 **2**

1 广告 guǎnggào 名広告	**8** 躺 tǎng 動横になる
2 公司 gōngsī 名会社	**9** 期末 qīmò 名期末
3 录取 lùqǔ 動採用する，採る	**10** 复习 fùxí 動復習する
4 听说 tīngshuō 動〜だそうだ，〜と聞いている	**11** 亚马逊 Yàmǎxùn 固アマゾン
5 偷 tōu 動盗む	**12** 认识 rènshi 動知る，認識する
6 借 jiè 動借りる，貸す	**13** 西班牙 Xībānyá 固スペイン
7 借走 jièzǒu 動借りていく	

練習問題

182 **1** 質問を聞き，本文に基づいて口頭で答えなさい。

1. 松下的病好了吗？

_____

2. 陈倩和松下是怎么去吃饭的？

_____

3. 陈倩的鞋是在哪儿买的？

_____

183 **2** 実際に基づき，次の質問に簡体字で答えなさい。

1. 你每天怎么去大学？

_____

2. 你会不会骑自行车？

_____

3. 你喜欢躺着看手机吗？

_____

3 次の日本語を中国語に訳しなさい。（簡体字とピンインで）

1. 私のケーキは弟に食べられてしまった。

簡体字 _____

ピンイン _____

2. 私は大学で中国語を習ったのです。

簡体字 _____

ピンイン _____

3. 君は歩いて行く，それとも電車で行く？

簡体字 _____

ピンイン _____

第18課

114

生活

キャッシュレス決済を利用しよう

中国はキャッシュレス決済大国で，屋台などが導入していることも珍しくありません。主な QR 決済に"腾讯 Téngxùn（テンセント）"が運営する"微信支付 Wēixìn Zhīfù（WeChat Pay）"と"阿里巴巴集团 Ālǐbābā Jítuán（アリババグループ）"の関連会社が運営する"支付宝 Zhīfùbǎo（Alipay）"があります。それぞれ中国の銀行口座やクレジットカードに紐付けることで利用が可能となり，決済ではコードを読み取ってもらうか，店のコードを読み取って金額を入力します。なお，「コードをスキャンする」は"扫码 sǎomǎ"，「QR コード」は"二维码 èrwéimǎ"，「バーコード」は"条形码 tiáoxíngmǎ"，「クレジットカード」は"信用卡 xìnyòngkǎ"です。

COLUMN

🛫 コラム18　　バレンタインデー

中国語では"情人节"Qíngrénjié と言う。何と年2回ある。一度は新暦の2月14日だ。もう一回は陰暦の7月7日，七夕の日だ。

日本との違いはその内容にある。日本では男性が首を長くしてチョコレートを待つのだが，中国では男の方からバラの花束を贈るのだ。「花束」というぐらいだから，5本や10本ではない。大輪のバラを99本も贈るのが流行だ。"99"は"jiǔ jiǔ"つまり"久久"（幾久しく）にかけているのだ。

これでは終わらない。バラは彼女が働いている職場に送るのである。こうしてこそ「もてる女性」のイメージが出来上がる。女のメンツが保たれる一瞬である。

さらに最近ではバレンタインデーを1日過ぎると，バラの値段が大暴落するらしい。1日遅れて花を届けようものなら「フン，ケチ」と見限られそうだ。

誌上体験

第 **19** 课
Dì shíjiǔ kè

長江以南の地域を旅行する

> 重慶の人気スポット長江ロープウェイ

新出単語 **1**

🎧 184

1 就要 jiù yào ［組］もうすぐ

2 放假 fàngjià ［動］休みになる，休暇になる

3 假期 jiàqī ［名］休暇，休みの期間

4 江南 Jiāngnán ［固］広く長江より南の地域

5 一带 yídài ［名］一帯，あたり，周辺

6 平安 píng'ān ［形］平安である，平穏無事である

7 平安果 píng'ānguǒ ［名］お守りとなる果物

8 把 bǎ ［介］〜を〜する

9 带上 dàishang ［名］持っていく，携える

10 保佑 bǎoyòu ［動］（神が）加護する，守る

11 会 huì

　　［助動］〜する可能性がある，〜するはずである

12 旅途 lǚtú ［名］旅の途中，道中

13 谢谢 xièxie ［動］ありがとう，感謝します

14 将来 jiānglái ［名］将来

15 当 dāng ［動］〜になる，〜を担当する

16 导游 dǎoyóu ［動］案内する，ガイドする

本文

登場人物　松下纯子 Sōngxià Chúnzǐ ——日本人留学生
　　　　　陈倩 Chén Qiàn ——中国人大学生

第19课

松下：　马上　　就　要　　放假　了，我　要　开始　旅游　了。
　　　　Mǎshàng jiù yào fàngjià le, wǒ yào kāishǐ lǚyóu le.

陈倩：　假期　你　要　去　哪儿　旅游？
　　　　Jiàqī nǐ yào qù nǎr lǚyóu?

松下：　我　要　去　江南　一带　旅游。
　　　　Wǒ yào qù Jiāngnán yídài lǚyóu.

陈倩：　这　是　平安果，你　把　它　带上，它　会　保佑
　　　　Zhè shì píng'ānguǒ, nǐ bǎ tā dàishang, tā huì bǎoyòu

　　　　你　旅途　顺利　的。
　　　　nǐ lǚtú shùnlì de.

松下：　谢谢　你。将来　你　想　做　什么　工作？
　　　　Xièxie nǐ. Jiānglái nǐ xiǎng zuò shénme gōngzuò?

陈倩：　我　想　当　导游。你　呢？
　　　　Wǒ xiǎng dāng dǎoyóu. Nǐ ne?

松下：　我　想　当　汉语　老师。
　　　　Wǒ xiǎng dāng Hànyǔ lǎoshī.

◆"把"構文が使えない動詞

(1) 判断・状態を表す動詞　——是　有　姓　在

(2) 目的語がとれない自動詞——旅行　游泳　合作

(3) 知覚・心理活動の動詞　——知道　认识　觉得　相信　希望　赞成　高兴　生气　愿意　讨厌

(4) 方向動詞　　　　　　　——上　下　进　出　回　过　起　来　去

(5) 可能補語と経験を表す"过"。

　なお，把構文の目的語は処置する対象なので，特定的で，聞き手にも分かるものでなければ
ならない。

1 "要…了"，"就要…了"，"快…了"，"快要…了"〈もうすぐ〜だ〉 🎧187

要下雨了。　　Yào xiàyǔ le.　　　　新年快到了。　　Xīnnián kuài dào le.

高铁快要开了。　　　Gāotiě kuài yào kāi le.

我明天就要回国了。　　Wǒ míngtiān jiù yào huíguó le.（×快要）

⚠ "快，快要"の前では具体的な時間詞は用いられない。

2 "把"構文——処置文 🎧188

"把"＋ 目的語 ＋ 動詞 ＋ 付加成分

〈〜を〜する〉

前置詞"把"によって目的語を動詞の前に出し，その目的語に対して何らかの直接的変化を
与える（処置する）ことを表す文。動詞の後に補語，"了"，動詞の重ね型などの付加成分が
必ず付く。

请把课本放进书包里。　　Qǐng bǎ kèběn fàngjìn shūbāo li.

我把电脑送给弟弟了。　　Wǒ bǎ diànnǎo sònggěi dìdi le.

"把"構文はまた，「予期せぬ，うっかりミス」を表す時にも使われる。

我把手机丢了。　　Wǒ bǎ shǒujī diū le.

否定形は"把"の前に"不"や"没（有）"を置く。

你不把它放好会丢的。　　Nǐ bù bǎ tā fànghǎo huì diū de.

我还没把报告写完。　　Wǒ hái méi bǎ bàogào xiěwán.

3 "会…（的）" 🎧189

助動詞"会"

〈〜する可能性がある，〜するはずである〉

文末によく，判断の語気を強める"的"を加える。

明天会刮台风吗？　　　Míngtiān huì guā táifēng ma?

这个礼物，他一定会喜欢的。　　Zhèige lǐwù, tā yídìng huì xǐhuan de.

否定は"不会"。

别担心，不会有事的。　　Bié dānxīn, bú huì yǒu shì de.

你的钱包不会丢的。　　Nǐ de qiánbāo bú huì diū de.

这个好消息，她不会不知道的。　　Zhège hǎo xiāoxi, tā bú huì bù zhīdào de.

1 発音を聞いて，文を繰り返し，次に青字の語句を ⓐ，ⓑ に置き換えて練習しなさい。

1. 什么时候 考试 ?　　　Shénme shíhou kǎoshì?

　——明天 就要 考试 了。　　Míngtiān jiù yào kǎoshì le.

> ⓐ 放春假 fàng chūnjià / 下星期一 xià xīngqīyī
>
> ⓑ 毕业 bìyè / 还有两个月 hái yǒu liǎng ge yuè

2. 你把 词典 放在哪儿了?　　Nǐ bǎ cídiǎn fàngzài nǎr le?

　——我把 词典 放在 床上 了。　　Wǒ bǎ cídiǎn fàngzài chuángshang le.

> ⓐ 遥控器 yáokòngqì / 桌子上 zhuōzi shang
>
> ⓑ 啤酒 píjiǔ / 冰箱里 bīngxiāng li

新出単語 2

1 下雨 xiàyǔ 　動 雨が降る

2 新年 xīnnián 　名 新年

3 高铁 gāotiě 　名 高速鉄道

4 开 kāi 　動 (車などを) 運転する，操作する

5 回国 huíguó 　動 帰国する

6 放进 fàngjìn 　動 入れる，しまう

7 送给 sònggěi 　動 ~に贈る，~に与える

8 丢 diū 　動 なくす，失う

9 报告 bàogào 　名 レポート

10 刮 guā 　動 (風が) 吹く

11 台风 táifēng 　名 台風

12 别 bié 　副 ~するな，~してはいけない
　　　　　　　　(禁止や制止を表す)

13 担心 dānxīn 　動 心配する，気遣う

14 有事 yǒu shì 　組 大事が発生する，
　　　　　　　　何事か起こる

15 钱包 qiánbāo 　名 サイフ

16 知道 zhīdao 　動 知る，分かる

17 放 fàng 　動 休みになる

18 春假 chūnjià 　名 春休み

19 下星期一 xià xīngqīyī 　組 来週の月曜日

20 遥控器 yáokòngqì 　名 リモコン

21 冰箱 bīngxiāng 　名 冷蔵庫

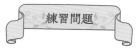

練習問題

🎧 192　① 　質問を聞き，本文に基づいて口頭で答えなさい。

1. 松下假期要去哪儿旅游？

　　..

2. 陈倩送给松下了一个什么礼物？

　　..

3. 陈倩将来想当什么？ 松下呢？

　　..

🎧 193　② 　実際に基づき，次の質問に簡体字で答えなさい。

1. 你们什么时候放春假？

　　..

2. 你把今天的作业做完了吗？

　　..

3. 你觉得明天会下雨吗？

　　..

③ 　次の日本語を中国語に訳しなさい。（簡体字とピンインで）

1. 来週はもうクリスマスです。

　　簡体字 ....

　　ピンイン ....

2. 私はスマホを鞄にしまった。（"把"を用いて）

　　簡体字 ....

　　ピンイン ....

3. この秘密を先生が知らないはずはない。

　　簡体字 ....

　　ピンイン ....

行動

旅行に出よう

中国は日本の約26倍の面積があり，砂漠から亜熱帯，ヒマラヤ山脈まで，多彩な自然にあふれています。また，漢民族が90パーセント以上を占めるとはいえ，56の民族がいる「多民族国家」なので，特に周辺地域には文化や言語の違う人々が数多く暮らしています。中国をより理解するため，時間があればぜひ出かけてみてください。最初は"一日游 yírìyóu（日帰り旅行）"のツアーに参加したり，先輩や中国人の友達に同行したりして，徐々にスキルアップしていけるといいですね。長距離汽車の車内で偶然出会った人と話が弾んだり，困っていたところを居合わせた人に助けてもらったり……，きっと大学にいるだけでは味わえない体験ができますよ。

COLUMN

🀄 コラム19　麻雀

留学前ミニ 知 識

日本では麻雀というと，「儲け事」「ギャンブル」というイメージが強いようだが，中国に行くと，大通りでも路地でも公園でもテーブルを囲んで楽しそうに麻雀をしている風景をよく見かける。退職者用の活動場所として麻雀部屋を用意している会社もある。
中国人とって，一番大切な旧正月"春节"Chūnjié に一家が行う四大イベントは"年夜饭"niányèfàn，"包饺子"bāo jiǎozi"看春晚"kàn Chūnwǎn"打麻将"dǎ májiàng であろう。一家団欒の場面で，麻雀は若者をしばらく携帯電話から離れさせ，三世代が楽しく会話し理解を深め，家族愛を感じさせるきっかけを作る。家族のきずなを大事にする中国人にとって麻雀は，老若男女だれでも参加でき，お年寄りのぼけ防止にもなり，みんなの交流を深める健康的娯楽活動の一つである。

留学を終えて帰国する

空港内は非常に広く、時間に余裕を持って行くようにしたい

194

新出単語　1

1 停 tíng 　動 止まる，止める

2 舍不得 shěbude 　動 離れがたい，別れを惜しむ

3 舍得 shěde 　動 惜しまない，思い切れる

4 离开 líkāi 　動 立ち去る，別れる

5 欢迎 huānyíng 　動 歓迎する

6 以后 yǐhòu 　名 今後，その後，〜以後

7 对 duì 　介 〜に対して，〜について

8 照顾 zhàogù 　動 面倒をみる，世話をする

9 应该 yīnggāi
　助動 〜すべきである，〜であるべきだ

10 常 cháng 　副 よく，いつも，しばしば

11 联系 liánxì 　動 連絡する

12 再见 zàijiàn 　動 さようなら，また会おう

13 祝 zhù 　動 祈る，心から願う

14 一路平安 yí lù píng'ān 　組 道中ご無事で

登場人物　松下纯子 Sōngxià Chúnzǐ ——日本人留学生
　　　　　陈倩 Chén Qiàn ——中国人大学生

195

陈倩：　前面　停着　一　辆　出租车。
　　　　Qiánmian tíngzhe yí liàng chūzūchē.

松下：　是　我　叫　的。　真　舍不得　离开　这里。
　　　　Shì wǒ jiào de. Zhēn shěbude líkāi zhèli.

陈倩：　欢迎　你　以后　再　来。
　　　　Huānyíng nǐ yǐhòu zài lái.

松下：　谢谢　你　这　一　年　对　我　的　照顾。
　　　　Xièxie nǐ zhè yì nián duì wǒ de zhàogù.

陈倩：　应该　的。　以后　常　联系。
　　　　Yīnggāi de. Yǐhòu cháng liánxì.

松下：　我　一定　跟　你　联系。　再见！
　　　　Wǒ yídìng gēn nǐ liánxì. Zàijiàn!

陈倩：　再见！　祝　你　一　路　平安！
　　　　Zàijiàn! Zhù nǐ yí lù píng'ān!

語法Memo

196

◆中国語の特定と不特定

　中国語では，主語の位置には特定のモノが，そして目的語の位置には不定のモノがくるという傾向がある。とりわけ存現文では，動詞の後に現れる動作主体（目的語）は不定のモノという傾向が強くなる。

来客人了。　Lái kèren le.（予期していなかった）　〈お客様が来た〉
客人来了。　Kèren lái le.（来ると知っていた）　〈お客様が来た〉
村子里死了一个人。 Cūnzi li sǐle yí ge rén.　〈村で人が一人死んだ〉

① 存現文——人や物などの存在・出現・消失を表す文　♪197

場所 / 時間 ＋ 動詞 ＋ "着 / 了" ＋ 人 / モノ

墙上挂着一张世界地图。　Qiángshang guàzhe yì zhāng shìjiè dìtú.

昨天来了两个客人。　Zuótiān láile liǎng ge kèren.

我们班转走了一个同学。　Wǒmen bān zhuǎnzǒule yí ge tóngxué.

目的語は不定の人 / ものを表す。

×昨天来了我妈妈。→ 昨天来了一个学生家长。

② 補語のまとめ　♪198

結果　东西都带**来**了吗？手续办**完**了。(第7課) / 都听**懂**了吗？(第8課) /
　　　有的听**懂**了，有的没听**懂**。(第8課) / 我的自行车被李丽骑**走**了。(第18課)

様態　感觉老师说得**太快**。(第8課) / 我打得**不好**。(第10課) /
　　　今天打得**真爽**！(第10課)

時量　我每天9点开始练，练**一个小时**。(第11課) /
　　　逛了**一天**，累死我了。(第14課) / 休息**一天**就好了。(第17課)

程度　逛了一天，累**死**我了。(第14課)

方向　快开演了，咱们进**去**吧。(第13課) /
　　　你先进**去**，我去买一点儿爆米花。(第13課) /
　　　这是平安果，你把它带**上**，它会保佑你旅途顺利的。(第19課)

可能　我头很疼，今天上**不了**课了。(第17課) / 真舍**不得**离开这里。(第20課)

③ 前置詞のまとめ　♪199

和　还有饺子**和**小笼包。(第9課) / 主食有包子**和**饺子。(第16課)

跟　我觉得**跟**歌舞伎有点儿像。(第13課) / 我一定**跟**你联系。(第20課)

比　打的**比**坐公交车快多了。(第15課)

给　**给**老师带点儿什么礼物去呢？(第15課)

在　我一般都**在**网上购物。(第18課)

把　这是平安果，你**把**它带上，它会保佑你旅途顺利的。(第19課)

对　谢谢你这一年**对**我的照顾。(第20課)

1 発音を聞いて，文を繰り返し，次に青字の語句を⒜，⒝に置き換えて練習しなさい。

1. 桌子上放着什么？　　Zhuōzi shang fàngzhe shénme?

　——桌子上放着 一本服装杂志 。　Zhuōzi shang fàngzhe yì běn fúzhuāng zázhì.

> ⒜ 一台电脑 yì tái diànnǎo
> ⒝ 两瓶矿泉水 liǎng píng kuàngquánshuǐ

2. 祝你 一路平安 。　Zhù nǐ yí lù píng'ān.（道中のご無事をお祈りいたします！）

> ⒜ 好运！ hǎoyùn!（ご幸運を！）
> ⒝ 成功！ chénggōng!（ご成功を祈る！）
> ⒞ 一切幸福如意！ yíqiè xìngfú rúyì!
> 　（すべてが幸せにうまくいくように！）

🎧 201

| 新出単語 | 2 |

1 墙 qiáng 　名壁

2 挂 guà 　動掛ける

3 世界 shìjiè 　名世界

4 客人 kèren 　名お客さん

5 班 bān 　名クラス，組，班

6 转走 zhuǎnzǒu 　動転校する

7 家长 jiāzhǎng 　名保護者

8 服装 fúzhuāng 　名服装，ファッション

9 杂志 zázhì 　名雑誌

10 瓶 píng 　名瓶，瓶を数える場合の借用量詞
　　　　　　としても使われる

11 矿泉水 kuàngquánshuǐ
　　名ミネラルウォーター

12 好运 hǎoyùn 　名幸運

13 成功 chénggōng 　動成功する

14 一切 yíqiè 　代一切の，全部の，すべての

15 幸福 xìngfú 　名幸せ，幸福

16 如意 rúyì 　動意にかなう，気に入る

🎧 202 **1** 質問を聞き，本文に基づいて口頭で答えなさい。

1. 松下就要回国了吗？

_____

2. 松下舍得离开中国吗？

_____

3. 松下打算坐什么去机场？ (机场 jīchǎng：空港)

_____

🎧 203 **2** 実際に基づき，次の質問に簡体字で答えなさい。

1. 这一年你汉语学得怎么样？

_____

2. 你坐过飞机没有？

_____

3. 你打算去中国留学吗？

_____

3 次の日本語を中国語に訳しなさい。(簡体字とピンインで)

1. 机の上にコーヒーが一杯置いてある。

　　　簡体字 _____

　　　ピンイン _____

2. 道中のご無事をお祈りいたします！

　　　簡体字 _____

　　　ピンイン _____

3. ご成功を祈る！

　　　簡体字 _____

　　　ピンイン _____

生活

留学後をイメージしてみよう

留学生活には限りがあります。時間を無駄にしないよう，一度，留学後の理想をイメージしてみましょう。中国語を生かす職業に就きたいのなら，希望する企業の求人条件を調べてみてください。「HSK 5級以上」と書かれていれば，それが目標になりますね。旅行ガイドを目指すなら，中国のツアーに参加してガイドや旅行客の行動を観察してみる，通訳者や翻訳者になりたいのなら，ドラマやニュースの動画を少しずつ再生し，意味を確認したり書き起こしたりしてみる，先輩の体験談を読むのもおすすめです。"积土成山 jī tǔ chéng shān（塵も積もれば山となる）"，未来のためにできることを日々の習慣にすると，その蓄積はやがて確かな力となるでしょう。

COLUMN

🌿 コラム20　おみやげ

留学前ミニ 知識

日本から何かおみやげを持参しただろうか。家の人が気を利かせて，何か持たせたという人もいるだろう。あるいは空港の売店で時間にせかされるようにそそくさとせんべいとかを羊かんを買い求めた人もおろう。しかし，これらのおみやげは中国では歓迎されない。日本式の「みなさんで，お召し上がり下さい」は喜ばれないのである。中国のプレゼントの基本は「値が張るもので，長く後々まで残るもので，贈られた方のメンツ」を満足させてくれるものである。よく日本人が帰国する時に，大きな陶器セットや掛け軸を中国人から頂き，うれしさ半分，困惑半分の表情を見せることがある。日本では少しでもカサばるものなら「お荷物になり，迷惑でしょうが」とあげる方が恐縮する。だから，中国人は値札をつけたままプレゼントする。高いものだという証拠を堂々と見せるものである。

- 数字は初出の課数を表す。
- ○数字は初出の場所。①新出単語1　②語法ポイント　③新出単語2　④練習問題
- 発音編の単語は含まれておりません。

聪明	cōngming	14	③	賢い，聡明である
错	cuò	7	③	間違っている

D

打	dǎ	8	③	（手を使って）遊ぶ，する
打的	dǎdī	15	①	タクシーに乗る
打工	dǎgōng	9	③	アルバイトをする
打算	dǎsuan	10	③	〜するつもりである
大	dà	6	①	大きい
大二	dà èr	5	①	大学2年生
大家	dàjiā	16	③	みんな
大学	dàxué	6	①	大学
带来	dàilai	7	①	持ってくる
带上	dàishang	19	①	持っていく，携える
担心	dānxīn	19	③	心配する，気遣う
蛋炒饭	dànchǎofàn	9	①	卵炒飯
蛋糕	dàngāo	15	③	ケーキ
当	dāng	12	③	〜になる
当然	dāngrán	10	①	もちろん，当然
导游	dǎoyóu	19	①	案内する，ガイドする
到	dào	12	①	到着する
的	de	5	①	〜の
得	de	8	①	補語を導く
登	dēng	12	①	登る
等	děng	13	③	待つ
弟弟	dìdi	8	③	弟
地图	dìtú	6	①	地図
第一天	dìyī tiān	8	①	初めの日，初日
点	diǎn	11	①	時間の単位，時
典礼	diǎnlǐ	17	③	式典，セレモニー
电脑	diànnǎo	9	③	コンピューター，パソコン
电热壶	diànrèhú	6	①	電気ポット
电视	diànshì	6	①	テレビ
电影	diànyǐng	10	③	映画
丢	diū	19	③	なくす，失う
冬天	dōngtiān	16	③	冬
东西	dōngxi	7	①	もの
懂	dǒng	17	③	分かる
都	dōu	7	①	すべて，全部，みんな
独特	dútè	13	①	独特である，特有である，ユニークである
杜甫	Dù Fǔ	5	①	杜甫
对	duì	11	①	正しい，そうだ
对	duì	20	①	〜に対して，〜について
对面（儿）	duìmiàn(r)	14	②	向かい側
多	duō	5	①	多い，たくさん
多	duō	15	①	ずっと〜である

多长	duō cháng	11	③	どのくらい長い，どれほど長い
多长时间	duō cháng shíjiān	10	④	どのくらいの時間
多大	duō dà	8	③	何歳か，どのくらい大きいか
多少	duōshao	10	③	いくつ，どのくらい

E

饿	è	14	①	お腹がすく
欸	éi	18	①	おや，あれ，ええっ（意外だという気持ちを示す）

F

发音	fāyīn	12	③	発音
法国	Fǎguó	13	③	フランス
法律	fǎlù	5	③	法律
饭店	fàndiàn	18	①	ホテル，レストラン
饭票	fànpiào	9	①	食券
方便	fāngbiàn	16	③	便利だ
房间	fángjiān	6	①	部屋
放	fàng	19	③	休みになる
放假	fàngjià	19	①	休みになる，休暇になる
放进	fàngjìn	19	③	入れる，しまう
飞机	fēijī	15	③	飛行機
非常	fēicháng	8	③	非常に
非洲	Fēizhōu	15	③	アフリカ
分	fēn	11	②	時間の単位，分
分班	fēn bān	7	①	クラス分けする
丰盛	fēngshèng	16	①	豊富である，盛りだくさんである
服装	fúzhuāng	20	③	服装，ファッション
附近	fùjìn	6	①	付近，近辺
父亲节	Fùqinjié	16	③	父の日
复习	fùxí	18	③	復習する

G

感觉	gǎnjué	8	①	感覚（名詞）／感じる，覚える（動詞）
感谢	gǎnxiè	16	③	感謝する
干	gàn	11	③	する，やる
刚才	gāngcái	11	①	いましがた，さっき，先ほど
高	gāo	14	③	高い
高铁	gāotiě	19	③	高速鉄道
告诉	gàosu	16	③	知らせる，教える
歌儿	gēr	8	③	歌
歌舞伎	gēwǔjì	13	①	歌舞伎
个	ge	9	②	人や物を広く数える，〜人，〜個

给	gěi	15	①	〜に
跟	gēn	13	①	〜と
公共	gōnggòng	10	③	公共の
公交车	gōngjiāochē	15	①	路線バス
公司	gōngsī	18	③	会社
工作	gōngzuò	10	③	仕事，職業（名詞）／働く，勤める，仕事をする（動詞）
购物	gòuwù	18	①	買い物をする
古老肉	gǔlǎoròu	16	①	酢豚
刮	guā	19	③	（風が）吹く
挂	guà	20	③	掛ける
拐	guǎi	12	③	曲がる
观感	guāngǎn	13	①	印象，感想
关照	guānzhào	5	①	面倒をみる
广告	guǎnggào	18	③	広告
逛	guàng	14	①	散歩する，ぶらぶらする，見物する
逛街	guàng jiē	14	④	街をぶらぶらする
贵	guì	8	③	値段が高い
贵姓	guìxìng	5	③	お名前（姓を尋ねる）
国家	guójiā	13	①	国，国家
过	guò	13	②	過ぎる
过来	guòlai	13	③	やって来る，近づく
过去	guòqu	13	③	動作主が話し手から離れる，あるいは通過する
过	guo	15	①	動詞の後に置いて経験を表す

进	jìn	13	②	入る
进来	jìnlai	13	③	入ってくる
进去	jìnqu	13	①	中へ入る，中に入っていく
近	jìn	15	③	近い
经济	jīngjì	5	③	経済
京都	Jīngdū	12	④	京都
京剧	jīngjù	13	①	京劇
九份	Jiǔfèn	13	③	九份（地名）
就	jiù	6	③	まさしく，まさに
就	jiù	14	①	すぐに
就要	jiù yào	19	①	もうすぐ
剧院	jùyuàn	13	①	劇場
觉得	juéde	8	①	～と思う，～と感じる

K

咖啡	kāfēi	8	③	コーヒー
开	kāi	19	③	(車などを)運転する，操作する
开始	kāishǐ	11	①	開始する，始まる
开心	kāixīn	14	③	楽しい
开学	kāixué	17	①	学校が始まる，学期が始まる
开演	kāiyǎn	13	①	開演する
看	kàn	7	①	見る
看	kàn	17	①	見舞う，診察してもらう
考	kǎo	12	③	試験する，テストする
考试	kǎoshì	7	①	試験する
烤串儿	kǎochuànr	14	①	くし焼き
可爱	kě'ài	14	③	可愛い
可以	kěyǐ	10	①	～してもよい
课本	kèběn	6	③	教科書
课文	kèwén	11	③	教科書の本文
客气	kèqi	17	①	気をつかう，遠慮する
客人	kèren	20	③	お客さん
刻	kè	11	②	時間の単位，15分
肯德基	Kěndéjī	14	③	ケンタッキー
恐怕	kǒngpà	17	③	恐らく
快	kuài	8	①	速い
快…了	kuài…le	13	①	まもなく，もうすぐ
矿泉水	kuàngquánshuǐ	20	③	ミネラルウォーター

L

| 啦 | la | 18 | ① | "了"le と "啊"a の合音で，感嘆・不満・喚起・禁止などの語気を表す |
| 来 | lái | 9 | ① | する，やる(具体的な動作を表す動詞の代わりに用いる) |

来	lái	13	②	来る
来	lái	17	①	本来の動詞の前に置き，積極的に行う意思を表す
老师	lǎoshī	6	③	先生
了	le	7	①	完了，変化などを表す
累	lèi	7	③	疲れる
冷	lěng	7	③	寒い
离	lí	15	①	～から，～まで
离开	líkāi	20	①	立ち去る，別れる
里边（儿）	lǐbian(r)	14	②	内側，中の方
礼物	lǐwù	15	①	プレゼント
历史	lìshǐ	6	③	歴史
里	li	6	③	～の中，～の内側
联系	liánxì	20	①	連絡する
连衣裙	liányīqún	10	③	ワンピース
练	liàn	11	①	練習する
练瑜伽	liàn yújiā	9	③	ヨガをする
练习	liànxí	17	③	練習する
凉快	liángkuai	15	③	涼しい
凉鞋	liángxié	10	③	サンダル
辆	liàng	9	②	車両などを数える，～台
吝啬	lìnsè	16	①	けちけちしている，しみったれである
流利	liúlì	8	③	流暢だ
留学	liúxué	17	③	留学する
留学生	liúxuéshēng	11	①	留学生
录取	lùqǔ	18	③	採用する，採る
旅途	lǚtú	19	①	旅の途中，道中
旅游	lǚyóu	12	③	旅行する
罗森	Luósēn	14	③	ローソン

M

麻婆豆腐	mápó dòufu	9	①	マーボー豆腐
马上	mǎshàng	13	③	すぐに，さっそく
吗	ma	5	③	～か
买	mǎi	9	①	買う
买东西	mǎi dōngxi	9	④	買い物
买到	mǎidào	7	③	買える，手に入れる
麦当劳	Màidāngláo	14	③	マクドナルド
忙	máng	7	③	忙しい
猫	māo	10	③	猫
没	méi	7	③	～しなかった，（まだ）～していない
没问题	méi wèntí	12	③	大丈夫だ
没错	méicuò	16	③	その通りである
没事儿	méishìr	10	①	何事もない，大丈夫，たいしたことはない
没有	méiyǒu	6	③	ない
美	měi	16	③	美しい

美国人	Měiguórén	5	③	アメリカ人
每天	měitiān	9	③	毎日
每周	měizhōu	10	①	毎週
妹妹	mèimei	7	④	妹
米	mǐ	10	③	メートル
米饭	mǐfàn	9	①	ご飯
秘密	mìmì	16	③	秘密
苗条	miáotiao	14	③	スリムである
名	míng	12	③	人数を数える，〜名，〜人
名牌儿包	míngpáirbāo	16	③	ブランドのかばん
名字	míngzi	5	③	名前
明天	míngtiān	10	③	明日
母亲节	Mǔqīnjié	16	③	母の日

N

哪	nǎ	6	②	どれ，どの
哪个	nǎge (něige)	6	②	どれ，どの。どちら，どちらの
哪里	nǎli	6	②	どこ
哪儿	nǎr	6	②	どこ
那	nà	6	②	その，あの。それ，あれ
那个	nàge (nèige)	6	②	その，あの。それ，あれ
那里	nàli	6	②	そこ，あそこ
那儿	nàr	6	②	そこ，あそこ
难	nán	7	①	難しい
呢	ne	5	①	〜は（どうですか）
呢	ne	11	③	疑問の語気を強める
能	néng	10	①	〜できる
你	nǐ	5	②	あなた
你们	nǐmen	5	②	あなたたち
年	nián	11	②	時間の単位，年
年纪	niánjì	8	③	年齢，年
念	niàn	11	③	音読する
您	nín	5	②	あなた
纽约	Niǔyuē	13	③	ニューヨーク
女儿	nǚ'ér	8	③	娘
女朋友	nǚpéngyou	16	③	ガールフレンド
暖和	nuǎnhuo	7	③	暖かい

O

欧洲	Ōuzhōu	15	③	ヨーロッパ

P

旁边(儿)	pángbiān(r)	14	②	そば，隣
胖	pàng	14	③	太っている，太い
跑	pǎo	8	③	走る
朋友	péngyou	6	③	友達
啤酒	píjiǔ	9	③	ビール

便宜	piányi	8	③	値段が安い
漂亮	piàoliang	7	③	きれいだ
乒乓球	pīngpāngqiú	10	①	卓球
瓶	píng	20	③	瓶，瓶を数える場合の借用量詞としても使われる
平安	píng'ān	19	①	平安である，平穏無事である
平安果	píng'ānguǒ	19	①	お守りとなる果物
苹果	píngguǒ	9	②	リンゴ

Q

期末	qīmò	18	③	期末
骑	qí	18	①	乗る
骑车	qíchē	9	③	自転車に乗る
起	qǐ	13	②	起きる
气派	qìpài	13	①	立派である，格式が高い
汽车	qìchē	9	②	自動車
钱包	qiánbāo	19	③	サイフ
前边儿	qiánbianr	14	①	前，前面
前面	qiánmian	6	①	前，前面
墙	qiáng	20	③	壁
青椒肉丝	qīngjiāoròusī	9	①	ピーマンと豚肉の細切り炒め
请	qǐng	5	①	どうぞ〜してください
请	qǐng	17	①	招く，ごちそうする，おごる
请客	qǐngkè	18	③	客を招く，おごる
去	qù	9	①	行く
全	quán	18	①	全部
全家	Quánjiā	14	③	ファミリーマート

R

让	ràng	17	③	〜させる
热	rè	7	③	暑い
认识	rènshi	18	③	知る，認識する
日本人	Rìběnrén	5	③	日本人
日出	rìchū	11	④	日の出
日语	Rìyǔ	10	④	日本語
容易	róngyi	8	③	易しい
如意	rúyì	20	③	意にかなう，気に入る

S

上	shàng	13	②	上る
上边(儿)	shàngbian(r)	14	②	上側，上の方
上课	shàngkè	8	①	授業を受ける，授業をする，授業に出る
上去	shàngqu	13	③	上がっていく
上午	shàngwǔ	12	①	午前

上学	shàngxué	9	③	通学する
少	shǎo	8	③	少ない
舍不得	shěbude	20	①	離れがたい, 別れを惜しむ
舍得	shěde	20	①	惜しまない, 思い切れる
社团	shètuán	11	①	サークル
谁	shéi	13	④	誰
身体	shēntǐ	17	④	体
什么	shénme	5	①	何, どんな
什么地方	shénme dìfang	8	①	どこ
什么时候	shénme shíhou	13	③	いつ
生病	shēngbìng	17	④	病気になる
生日	shēngrì	17	③	誕生日
声调	shēngdiào	8	①	声調, 四声
圣诞节	Shèngdànjié	16	③	クリスマス
时间	shíjiān	11	③	時間, 時
是	shì	5	①	〜だ, 〜である
世界	shìjiè	20	③	世界
首尔	Shǒu'ěr	15	③	ソウル
手机	shǒujī	11	③	携帯電話
手续	shǒuxù	7	①	手続き
瘦	shòu	7	③	細い, 痩せている
寿司	shòusī	16	③	寿司
书	shū	17	③	本
书包	shūbāo	6	③	鞄
书法	shūfǎ	11	③	書道
书画社	shūhuàshè	11	①	書道と絵画のサークル
暑假	shǔjià	12	③	夏休み
帅	shuài	14	③	格好いい, ハンサムである
涮羊肉	shuànyángròu	15	③	羊肉のしゃぶしゃぶ
双	shuāng	9	②	左右対称の身体部位や組になっているものを数える, 〜組, 〜足
爽	shuǎng	10	①	気分がよい, 心地よい
水	shuǐ	8	③	水
水果	shuǐguǒ	12	③	果物
顺利	shùnlì	7	①	順調である
说	shuō	8	①	言う, 話す
死	sǐ	14	①	死ぬ
送	sòng	16	③	贈る, 送る
送给	sònggěi	19	③	〜に贈る, 〜に与える
酸辣汤	suānlàtāng	16	①	サンラータン
岁	suì	8	③	歳

T				
他	tā	5	②	彼

他们	tāmen	5	②	彼ら
她	tā	5	②	彼女
她们	tāmen	5	②	彼女ら
它	tā	5	②	それ
它们	tāmen	5	②	それら
台	tái	9	②	機械などを数える, 〜台
台风	táifēng	19	③	台風
台湾	Táiwān	13	③	台湾
太	tài	8	①	大変, 極めて, すごく
太…了	tai…le	11	①	とても〜だ
谈	tán	13	①	語る, 話し合う
躺	tǎng	18	③	横になる
淘宝	Táobǎo	18	①	タオバオ (中国のオンラインモール"淘宝网"の略称)
特别	tèbié	8	③	特に, ことのほか
疼	téng	17	①	痛い
踢足球	tī zúqiú	9	③	サッカーをする
天	tiān	11	②	時間の単位, 日
天气	tiānqì	7	③	天気
添麻烦	tiān máfan	17	①	面倒をかける, 手数をかける
填	tián	7	①	記入する, 書き込む
听懂	tīngdǒng	7	③	聞き取れる
听说	tīngshuō	15	①	(聞くところによれば) 〜だそうだ
停	tíng	20	①	止まる, 止める
挺	tǐng	7	①	けっこう, なかなか
同学	tóngxué	11	③	クラスメート
偷	tōu	18	③	盗む
头	tóu	17	①	頭
图书馆	túshūguǎn	6	③	図書館

W				
外边(儿)	wàibian(r)	14	②	外側, 外の方
外语	wàiyǔ	9	④	外国語
完	wán	7	①	終わる, 終える
玩儿	wánr	10	③	遊ぶ
晚会	wǎnhuì	17	③	パーティー
碗	wǎn	9	①	碗, 腕に入ったものを数える場合の借用量詞として使われる
王府井	Wángfǔjǐng	6	①	王府井 (地名)
往	wǎng	12	③	(方向を示す) 〜へ, 〜に
网球	wǎngqiú	8	③	テニス
网上	wǎngshang	18	①	インターネット上
微信	Wēixìn	12	③	WeChat
喂	wéi	11	③	もしもし
味道	wèidao	9	①	味
文学	wénxué	5	①	文学

我	wǒ	5	②	私
我们	wǒmen	5	②	私たち
屋里	wūli	13	③	部屋の中

X

西班牙	Xībānyá	18	③	スペイン
西单	Xīdān	6	①	西単（地名）
西红柿	xīhóngshì	16	①	トマト
喜欢	xǐhuan	5	①	好く，好む
洗手间	xǐshǒujiān	6	③	お手洗い
洗衣店	xǐyīdiàn	6	③	クリーニング店
下	xià	13	②	下る
下星期一	xià xīngqīyī	19	③	来週の月曜日
下边（儿）	xiàbian(r)	14	②	下側，下の方
下课	xiàkè	10	①	授業が終わる
下来	xiàlai	13	③	降りてくる
下去	xiàqu	13	③	下りていく
下午	xiàwǔ	7	①	午後
下雨	xiàyǔ	19	③	雨が降る
夏天	xiàtiān	15	④	夏
先	xiān	9	①	先に，まず
现在	xiànzài	11	③	現在，いま
香	xiāng	14	①	味がよい，おいしい，香りがよい
香菇菜心	xiānggū càixīn	16	①	しいたけと青梗菜炒め
香味儿	xiāngwèir	14	①	香り，よい匂い
想	xiǎng	12	①	～したい
想好	xiǎnghǎo	16	③	思いつく，考えつく
像	xiàng	13	①	似る，～みたいである
消息	xiāoxi	16	③	知らせ，情報
小吃	xiǎochī	14	①	軽食，簡単な料理
小笼包	xiǎolóngbāo	9	①	ショウロンポー
小时	xiǎoshí	11	①	時間
小说	xiǎoshuō	15	①	小説
校园	xiàoyuán	10	③	キャンパス
鞋	xié	9	②	靴
写	xiě	7	②	書く
谢谢	xièxie	19	①	ありがとう，感謝します
新	xīn	10	③	新しい
新年	xīnnián	19	③	新年
新宿	Xīnsù	9	④	新宿
星巴克	Xīngbākè	6	③	スターバックス
星期	xīngqī	11	②	時間の単位，週
行	xíng	14	①	よい，できる
姓	xìng	5	③	という姓である
幸福	xìngfú	20	③	幸せ，幸福
熊猫	xióngmāo	9	②	パンダ
休息	xiūxi	13	③	休憩する，休む
学	xué	5	③	学習する，学ぶ

学生食堂	xuéshēng shítáng	6	③	学食
学习	xuéxí	9	③	勉強する，学ぶ
学校	xuéxiào	11	①	学校

Y

亚马逊	Yàmǎxùn	18	③	アマゾン
呀	ya	9	①	軽い驚き・感嘆を表す
演讲	yǎnjiǎng	13	③	講演する，発表する
养	yǎng	10	③	飼う，養う
遥控器	yáokòngqì	19	③	リモコン
要	yào	9	①	欲しい
要	yào	12	①	～するつもりだ，～しようと思う
要	yào	15	①	（時間や費用などが）かかる，必要とする
要	yào	17	①	～しなければならない
钥匙	yàoshi	7	③	カギ
也	yě	5	①	～も
也	yě	18	①	婉曲な語気を表す
夜市	yèshì	14	①	夜市，屋台
衣服	yīfu	7	③	衣服
医院	yīyuàn	17	①	病院
一边…一边…	yì biān…yì biān…	9	③	～しながら～する
一路平安	yí lù píng'ān	20	①	道中ご無事で
一般	yìbān	18	①	普通である，一般的である
一带	yídài	19	①	一帯，あたり，周辺
一点儿	yìdiǎnr	10	①	少し
一定	yídìng	17	①	必ず，きっと
一切	yíqiè	20	③	一切の，全部の，すべての
一下	yíxià	7	①	ちょっと
一直	yìzhí	12	③	ずっと，まっすぐ
以后	yǐhòu	17	④	以後，その後
椅子	yǐzi	6	①	椅子
意大利	Yìdàlì	12	③	イタリア
音乐	yīnyuè	9	③	音楽
银行	yínháng	6	③	銀行
应该	yīnggāi	20	①	～すべきである，～であるべきだ
英语	Yīngyǔ	5	③	英語
用	yòng	9	③	用いる，使う
游	yóu	10	③	泳ぐ
游戏	yóuxì	11	③	ゲーム
游泳	yóuyǒng	10	③	泳ぐ
油管儿	Yóuguǎnr	11	③	YouTube
邮局	yóujú	6	③	郵便局
有	yǒu	6	①	ある，いる
有事	yǒu shì	11	③	用がある

有事	yǒu shì	19	③	大事が発生する，何事か起こる
有意思	yǒu yìsi	16	③	面白い
有点儿	yǒudiǎnr	13	①	少し
右	yòu	12	③	右
右边（儿）	yòubian(r)	14	②	右側，右の方
又	yòu	14	①	また
语法	yǔfǎ	12	③	文法
雨伞	yǔsǎn	9	②	雨傘
原因	yuányīn	8	①	原因，理由
圆	yuán	14	③	まるい
远	yuǎn	15	①	遠い
月	yuè	11	②	時間の単位，月
月亮	yuèliang	14	③	月
越来越…	yuèláiyuè…	16	①	ますます〜
运动	yùndòng	9	③	スポーツ，運動

Z

杂志	zázhì	20	③	雑誌
在	zài	6	①	ある，いる
在	zài	11	①	〜している
在	zài	18	①	〜で
再	zài	17	③	再び，さらに，もっと
再见	zàijiàn	20	①	さようなら，また会おう
咱们	zánmen	5	②	私たち
早饭	zǎofàn	7	③	朝食
怎么	zěnme	9	③	どうやって，どうして
怎么了	zěnme le	17	④	どうしましたか
怎么样	zěnmeyàng	7	③	どうですか
站	zhàn	12	③	駅
张	zhāng	6	①	平面を持つものを数える，〜枚
找	zhǎo	12	③	探す
找到	zhǎodào	7	③	見つける，探し当てる
照	zhào	12	①	写真を撮る
照顾	zhàogù	20	①	面倒をみる，世話をする
照片	zhàopiàn	7	①	写真
照相	zhàoxiàng	10	③	写真を撮る
这	zhè	6	②	この，その。これ，それ
这个	zhège (zhèige)	6	②	この，その。これ，それ
这里	zhèli	6	②	ここ，そこ
这么	zhème	9	①	こんなに，そんなに
这儿	zhèr	6	②	ここ，そこ
真	zhēn	6	①	本当に
正	zhèng	11	③	ちょうど（〜しているところである）
正在	zhèngzài	11	③	ちょうど，いま

支	zhī	9	②	細長いものを数える，〜本
只	zhī	9	②	動物や対の物の片方を数える，〜匹，〜頭，〜個
知道	zhīdao	19	③	知る，分かる
之	zhī	8	①	（所属や修飾関係を表す）〜の
之间	zhījiān	17	①	〜の間
直通车	zhítōngchē	12	①	直通バス
中国	Zhōngguó	5	①	中国
中国菜	Zhōngguócài	10	③	中華料理
中国人	Zhōngguórén	5	③	中国人
钟	zhōng	11	②	時間，時刻
种	zhǒng	12	③	種類
种类	zhǒnglèi	9	①	種類
周六	zhōuliù	12	①	土曜日
周末	zhōumò	17	③	週末
主食	zhǔshí	16	①	主食
祝	zhù	20	①	祈る，心から願う
专业	zhuānyè	5	①	専門，専攻
转走	zhuǎnzǒu	20	③	転校する
桌子	zhuōzi	6	①	テーブル
资料	zīliào	11	③	資料
字	zì	17	③	文字，字
自行车	zìxíngchē	18	①	自転車
总是	zǒngshì	17	③	いつも，よく
走	zǒu	5	①	歩く，行く
走着	zǒuzhe	18	①	歩いて
最	zuì	8	①	最も
最后	zuìhòu	14	④	最後
最近	zuìjìn	7	③	最近
昨天	zuótiān	7	③	昨日
昨晚	zuówǎn	11	③	昨晩
左	zuǒ	12	③	左
左边（儿）	zuǒbian(r)	14	②	左側，左の方
做	zuò	10	③	する，作る
坐	zuò	12	①	乗る
坐电车	zuò diànchē	9	③	電車に乗る
坐下	zuòxia	13	③	座る
作文	zuòwén	17	③	作文
作业	zuòyè	7	③	宿題

著者

相原　茂
　　中国語コミュニケーション協会代表

蘇　　紅（Su Hong）
　　東京外国語大学特定外国語教員

ハウツー留学気分　　　　　富田淳子（イラスト）
　　　　　　　　　　　　　林屋啓子（コラム）
本文イラスト　　　　　　　ハルペイ
装丁　　　　　　　　　　　富田淳子
本文デザイン　　　　　　　小熊未央

誌上体験　中国留学　初級中国語

検印
省略　　　　　　　　　　　　© 2024 年 1 月 31 日　初版　発行

著　者　　　　　　　　　　　　　　　相原　茂
　　　　　　　　　　　　　　　　　　蘇　　紅

発行者　　　　　　　　　　　　　　小川　洋一郎
発行所　　　　　　　　　　株式会社　朝 日 出 版 社
　　　　　　〒 101-0065　東京都千代田区西神田 3-3-5
　　　　　　　　　電話 (03) 3239-0271・72 (直通)
　　　　　　　　振替口座　東京　00140-2-46008
　　　　　　　　　　　　　欧友社／図書印刷
　　　　　　　　　　http://www.asahipress.com